젊은 그리스도인으로 형성되어 가던 시기에, 나는 내가 기독교적 사고와 행동에 대한 많은 도전에 직면하고 있다는 사실을 뼈저리게 깨달았다. 이런 도전들에 어떻게 응답하고 그리스도인으로서 어떻게 생각하고 살아야 하는지 이해하는 일에 존 스토트만큼 도움을 준 저자는 거의 없었다. 하나님의 도에 신실하고자 할 때 마주치는 도전들은 내가 젊은 그리스도인이었을 때보다 오늘날 더 예리하고 복잡하다. 이 작은 책들에서 독자는 그리스도인의 삶에 대한 스토트의 사상의 정수를 발견하게 된다. 이 자료를 다시 읽고 그것이 오늘날 얼마나 적절하고 건전한 유익이 있는지를 생각하면 마음이 상쾌해진다. 새 세대가 스토트의 사상을 접할 수 있게 해 준 IVP와 팀 체스터에게 감사한다.

아지드 페르난도 스리랑카 Youth for Christ 교육 책임자

과학기술의 발달로 이전 어느 때보다 더 많은 음성이 우리의 주의를 끌기 위해 소란스럽게 외쳐 댄다. 하지만 동시에 사람들이 주의깊게 경청하는 능력은 이전 어느 때보다 저하된 듯하다. 존 스토트의 강연과 저술은 특히 두 가지 면에서 유명하다. 스토트는 하나님을 위해 신실하게 살기 위해 하나님께 주의 깊게 귀 기울이는 법을 가르쳤다. 그리고 스토트는 하나님의 목적들을 명료하게 전달하기 위해 세상에 민감하게 귀 기울이는 법에 대한 모범이 되었다. 스토트는 우리에게 듣는 법을 가르쳤다. 이 때문에 『시대를 사는 그리스도인』이 새로운 세대의 독자들을 위해 시리즈라는 새로운 체제로 주의 깊게 개정된 것은 감격스러운 일이다. 이 책을 읽을 때, 우리가 잘 들을 수 있기를!

마크 메이넬 랭엄 파트너십 랭엄 설교사역 유럽 및 카리브해 지역 책임자,
Cross-Examined, When Darkness Seems My Closest Friend 저자

존 스토트의 글을 읽으면 언제나 마음이 산뜻해지고, 깨달음과 도전을 얻는다. 그의 가장 중요한 저술 중 하나를 계속 접할 수 있으리라는 것이 정말 기쁘며, 앞으로도 수십 년은 더 그러기를 바란다. 스토트가 하나님의 말씀에 신실한 동시에, 하나님의 일하심이라는 드라마가 상연되는 그분의 세상 곧 세속화된 서구 사회에 적실하고자 분투하는 방식은 우리에게 모범이 된다. 특히 우리가 처한 다양한 상황 속에서 교회를 섬기도록 안수받은 사람들에게는 더욱 그렇다. 저자와 동일하게, 하나님의 말씀과 하나님의 세상에 집중적으로 귀를 기울이며 하나님의 음성을 듣고 하나님께 순종하려는 모든 이에게 『시대를 사는 그리스도인』 시리즈를 적극 추천한다.

데이비드 색 니링기예 *The Church: God's Pilgrim People* 저자

어린아이가 수백 개의 퍼즐 조각 앞에서 기가 질린 모습을 상상해 보라. 도저히 그 조각들을 맞출 수가 없다! 그런데 어느 친절한 아저씨가 와서 퍼즐 전체를 한 조각 한 조각 맞출 수 있도록 옆에서 도와준다고 생각해 보라. 존 스토트의 『시대를 사는 그리스도인』을 읽을 때 바로 그런 느낌이 든다. 우리가 사는 세계는 고사하고, 우리가 읽는 성경조차 이해할 수 없다고 느끼는 사람들에게, 그는 곁에서 동행하면서 명확함과 통찰이라는 그의 어마어마한 은사를 가지고 한 걸음 한 걸음 우리를 도와 성경의 렌즈를 통해 세상을 이해한다는 것이 무슨 의미인지 밝혀내게 해 준다. 각 장 끝에 팀 체스터의 질문들이 실린 것은 큰 축복이다. 그 질문들은 우리가 내딛는 한 걸음 한 걸음을 충분히 생각하고 내면화시키도록 도와준다.

리코 타이스 런던 랭엄 플레이스 올 소울스 교회의 복음전도 담당 선임 사역자, 『기독교 탐사』 공동저자

새로운 세대가 이제 이 풍성한 가르침의 유익을 누릴 수 있으리라는 것이 기쁘다. 처음 나왔을 때 나에게 많은 도움을 주었던 책이다. 존 스토트가 언제나 그렇듯이, 이 책은 성경에 대한 신실한 해설, 세상에 대한 철저한 참여, 우리 삶을 위한 도전적 적용의 멋진 혼합이다.

본 로버츠 옥스퍼드 세인트 에브스 교회 관할 사제,
『세상과 나를 위한 하나님의 디자인』 저자

존 스토트의 저술은 나에게 오래도록 유익을 주었다. 스토트가 성경 본문에 대한 엄격한 참여와 당대 문화에 대한 주의 깊은 참여를 결합시키는 방식 때문이다. 『시대를 사는 그리스도인』 시리즈는 최상의 스토트를 제시한다. 즉, 성경의 권위에 대한 스토트의 헌신, 교회의 선교에 대한 그의 열심, 그리고 세상에서 신실하게 증거하라는 그의 요청 등을 드러낸다. 여기에 제시된 스토트의 성찰들은 오늘날 교회 지도자들이 반드시 읽어야만 한다.

트레빈 왁스 LifeWay Christian Resources 성경 및 관련 도서 출판 책임자,
『디스 이즈 아워 타임』 저자

세상

IVP(InterVarsity Press)는
캠퍼스와 세상 속의 하나님 나라 운동을 지향하는
IVF(InterVarsity Christian Fellowship)의 출판부로
생각하는 그리스도인을 위한 문서 운동을 실천합니다.

© 2019 John Stott's literary Executors

Originally published in English as *The World: A Mission to Be Accomplished*
by Inter-Varsity Press, London, England, United Kingdom.
This volume has been adapted from John Stott, *The Contemporary
Christian* (1982) and is one of five titles published in this format
in The Contemporary Christian Series with extra text,
including questions, by Tim Chester.
All rights reserved.

This Korean translation edition © 2021 by Korea InterVarsity Press
156-10 Donggyo-ro, Mapo-gu, Seoul 04031, Republic of Korea.
This Korean edition is published by arrangement of Inter-Varsity Press
through rMaeng2, Seoul, Republic of Korea.

이 한국어판의 저작권은 알맹2를 통하여 IVP UK와 독점 계약한 IVP에 있습니다.
신 저작권법에 의하여 한국 내에서 보호받는 저작물이므로
무단 전재와 무단 복제를 금합니다.

The Contemporary Christian Series: The World

시대를 사는 그리스도인 시리즈

세상
여전히 완수해야 할 선교

존 스토트
팀 체스터

정옥배·한화룡 옮김

lvp

차례

서문	11
독자에게	15
시리즈 서론: 시대를 사는 그리스도인—그때와 지금	17
세상: 서론	27
1 예수 그리스도의 유일성	31
2 우리 하나님은 선교하는 하나님이시다	65
3 총체적 선교	87
4 선교의 기독론	113
시리즈 결론: 지금과 아직	141
주	155

이 책의 모든 인세는 랭엄 문서사역(Langham Literature)으로 변경할 수 없이 양도되었다. 랭엄 문서사역은 존 스토트가 설립하고 크리스 라이트(Chris Wright)가 국제 사역 디렉터(International Ministries Director)를 맡고 있는 랭엄 파트너십(Langham Partnership)의 한 사역이다.

랭엄 문서사역은 출판과 배포, 지원과 할인 등을 통해 다수세계의 설교자, 학자, 신학교 도서관 들에 복음주의 도서와 전자 자료를 공급한다. 또한 저자 지원, 지역의 복음주의적 출판사 강화, 주요 지역 문서 프로젝트 투자 등을 통해 다양한 언어로 된 토착 복음주의 서적이 나올 수 있도록 촉진한다.

랭엄 문서사역 및 랭엄 파트너십의 다른 사역들에 대해 더 알아보려면 웹사이트 www.langham.org를 방문하라.

서문

'현대를 산다'(contemporary)는 것은 현재 속에서 산다는 뜻이다. 그리고 과거나 미래에 대해 너무 염려하지 않고 시간의 흐름에 따라 살아가는 것을 뜻한다.

그러나 '현대를 사는 그리스도인'(contemporary Christian)이 된다는 것은, 과거에 대한 지식과 미래에 대한 기대 덕분에 풍성해진 현재를 사는 것이다. 기독교 신앙은 바로 이것을 요구한다. 왜 그런가? 우리가 신뢰하고 경배하는 하나님은 "알파와 오메가라. 이제도 있고 전에도 있었고 장차 올 자요 전능한 자"이시며,[1] 우리가 따르는 예수 그리스도는 "어제나 오늘이나 영원토록 동일하시[기]" 때문이다.[2]

그래서 이 책과 시리즈는 그리스도인들이 시간을 다루는 법, 곧 어떻게 우리의 사고와 삶 속에서 과거와 현재와 미래를 결합시킬 수 있는가를 다룬다. 우리는 두 가지 주된 도전에 직면한다. 첫째는 '그때'(과거)와 '지금'(현재) 사이의 긴장이며, 둘째는 '지금'(현재)과 '아직'(미래) 사이의 긴장이다.

서론에서는 첫째 문제를 펼쳐 보인다. 진정으로 과거를 존중하면서 동시에 현재를 사는 것이 가능한가? 주위 사람들과 동떨어지지 않으면서 기독교의 역사적 정체성을 온전히 보존할 수 있는가? 또 복음을 왜곡하거나 심지어 파괴하지 않으면서 그것을 흥미진진하고 현대적인 방식으로 전달할 수 있는가? 옛것을 신뢰하면서 동시에 새롭게 될 수 있는가, 아니면 둘 중 하나를 선택해야 하는가?

결론에서는 둘째 문제, 즉 '지금'과 '아직' 사이의 긴장을 다룬다. 아직 계시되거나 주어지지 않은 영역을 부당하게 침범하지 않으면서, 하나님이 그리스도를 통해 말씀하시고 행하신 모든 것을 우리는 어느 정도나 탐구하고 경험할 수 있는가? 어떻게 현재 있는 곳에 대해 득의양양하지 않고 아직 전개되지 않은 미래 앞에서 적절한 겸손을 보일 수 있는가?

과거와 미래가 끼치는 영향을 탐구한 이 두 부분 사이에, 현재 시대를 사는 그리스도인의 책임에 관한 탐구가 나온다.

이 시리즈는 '복음' '제자' '성경' '교회' '세상'(당신이 지금 손에 들고 있는 책)이라는 다섯 가지 제목으로 교리와 제자도 문제를 다룬다. 하지만 나는 이 주제들에 관한 모든 것을 망라하기는커녕, 사실 체계적으로 다루려 하지도 않았다.

시간이라는 주제 및 과거와 현재와 미래의 관계에 덧붙여, 이 책 전체를 꿰뚫고 흐르는 또 하나의 주제가 있다. 그것은 더 적게 말하고 더 많이 들어야 할 필요성에 관한 것이다.

나는 우리가 '이중 귀 기울임'이라는 어렵고도 심지어 고통스러운 과업으로 부름받았다고 믿는다. 우리는 고대의 말씀(Word)과 현대 세계(world) 둘 다에 (물론 존중하는 정도는 서로 다르지만) 주의 깊게 귀를 기울여야 한다. 성실하고도 민감하게 그 둘을 관련시키기 위해서다.

이 시리즈 각 책은 이중 귀 기울임의 시도다. 나는 우리가 이중 귀 기울임의 능력을 개발할 수만 있다면, (말씀에 대한) 불성실함과 (현대 세계에의) 부적실성을 피하고 오늘날 하나님의 세상에 하나님의 말씀을 효과적으로 말할 수 있으리라 확신한다.

1991년 존 스토트가 처음 쓴 서문에서 각색함

독자에게

이 책이 포함된 시리즈의 기초가 된 『시대를 사는 그리스도인』(*The Contemporary Christian*)이라는 제목의 원래 책은 사반세기 이상 지난 이후의 독자들에게는 더 이상 '시대를 사는' 것처럼 보이지 않을 수도 있다. 하지만 출판사와 존 스토트의 문서 집행인은 이 책에서 존 스토트가 다루는 쟁점들이 처음 쓰였을 때와 마찬가지로 오늘날에도 전적으로 적실하다고 확신한다.

문제는 어떻게 하면 새 세대의 독자들이 이 중대한 저술에 접근하기 쉽도록 만들 것인가 하는 점이었다. 우리는 다음과 같은 식으로 이 일을 하려고 애썼다.

- 기존 책의 다섯 가지 주요 부분에 기초해서, 여러 권의 작은 책으로 나누었다.
- 21세기 독자가 공감하지 못할 수도 있는 단어들은 최신 단어들로 개정하면서도, 원본에 있는 저자의 사고 흐름과 문체를 유지하기 위해 매우 주의를 기울였다.

- 반성과 응답을 돕기 위해 각 장 끝에 현재 기독교 베스트셀러 저자 팀 체스터가 만든 질문들을 첨부했다.

원 저서를 사랑하는 사람들은 새로운 세기에 들어서서도 이 책을 접할 수 있고 그 범위와 영향력이 확장되는 데에 기쁨을 표했다. 원 저서가 이미 많은 사람의 삶을 매우 풍요롭게 해 주었듯, 이 책을 읽는 독자들의 삶이 풍성해지기를 기도한다.

시리즈 서론

시대를 사는 그리스도인—그때와 지금

많은 사람이 '현대적 그리스도인'과 '현대적 기독교'라는 표현을 용어상의 모순처럼 여긴다. 기독교는 오늘의 세계에 살아가는 사람들과는 상관없는 먼 과거로부터 내려오는 고대의 유물이 아닌가?

이 시리즈에서 나는 '현대적 기독교'라는 것이 실재한다는 사실을 보여 주려고 한다. 그것은 최신식의 무언가가 아니라, 현대 세계와 민감하게 관련된, 원래의 역사적이고 정통적이며 성경적인 기독교다.

역사적이며 현대적인 기독교

먼저 우리는 기독교가 역사적 종교임을 재천명한다. 물론 모든 종교는 특정한 역사적 맥락에서 생겨났다. 그러나 기독교는 역사적 종교임을 특별히 강력하게 주장한다. 왜냐하면 기독교는 나사렛 예수라는 역사적 **인물**에 기초할 뿐 아니라, 그분과 관련한 특정한 역사적 **사건들**, 특히 그분의 탄생과 죽음과 부활에 의존하기 때문이다. 기독교가 발원한 유대교와는 이 점에서 공통 요소가 있다. 구약에서는 야훼를 '아브라함과 이삭과 야곱의 하나님'일 뿐 아니라 또한 아브라함과 언약을 맺으시고 이삭, 야곱과 이를 갱신하신 언약의 하나님으로 제시한다. 또한 '모세의 하나님'일 뿐 아니라 출애굽을 책임지신 구속자로, 나아가 시내산에서 다시 한번 언약을 갱신하신 분으로 제시한다.

그리스도인들의 마음과 정신은 과거에 일어난 이 결정적이고 역사적인 사건들에 영원히 고정되어 있다. 성경은 우리에게 그 사건들을 감사한 마음으로 회고해 보라고 계속해서 권고한다. 실제로 하나님은 의도적으로 그분의 백성들이 때마다 그분의 구원의 행동을 기억할 수 있도록 준비해 놓으셨다. 가장 중요한 주의 만찬 혹은 성만찬은 우리가 그리스도 속죄의 죽음을 정기적으로 떠올리고, 그래서 과거를 현재로 가져올 수 있도록 해 준다.

하지만 문제는 기독교의 토대를 이루는 사건들이 너무나 오래전에 일어났다는 점이다. 나는 몇 년 전에 두 명의 형제와 대화를 나눈 적이 있다. 그들은 학생들로, 자기 부모의 신앙을 거부했다고 말했다. 한 명은 이제 불가지론자였고, 또 한 명은 무신론자였다. 나는 이유를 물었다. 그들은 더 이상 기독교의 진리를 믿지 않았는가? 그렇지 않았다. 기독교가 **진리인가** 아닌가 하는 물음이 아니라, 그것이 현재 그들의 삶과 **관계있는가** 아닌가 하는 물음 앞에서 그들은 딜레마에 빠져 있었다. 도대체 어떤 연관성이 있겠는가? 그들은 이어서, 기독교는 오래전에 생겨난, 팔레스타인의 원시 종교라고 말했다. 그렇다면 흥미진진한 현대 세계에 살고 있는 그들에게 기독교가 도대체 무엇을 제시할 수 있다는 말인가?

기독교에 대한 이런 생각은 널리 퍼져 있다. 예수님이 살던 시대 이래로 세상은 극적으로 변했으며, 당황스러운 속도로 계속 변하고 있다. 사람들은 꼭 복음이 거짓이라고 생각해서가 아니라 더 이상 그것에 공감할 수 없기 때문에 거부한다.

이에 대응하여, 우리는 하나님이 과거에 말씀하신 것을 통해 지금도 계속 말씀하신다는 근본적인 기독교의 확신을 분명히 할 필요가 있다. 그분의 말씀은 진열장 안에 전시될 선사 시대의 화석이 아니라, 현대 세계를 위한 살아 있는 메시지다. 성경의 역사적 특정성과 현대 세계의 엄청난 복잡성을 인정한다 하더라도, 그 둘은 여전히 근본적으로 조화를 이룬다. 하나님의 말씀은 계속해서 우리 발의 등이요 우리 길의 빛이다.[1]

동시에 우리는 여전히 딜레마에 빠져 있다. 기독교는 자신의 진정한 정체성을 그대로 간직하면서 **또한** 자신의 적실성을 보여 줄 수 있을까?

우리 세대가 흥미를 갖게끔 예수님을 제시하려는 욕구는 분명 정당하다. 이것이 바로 독일의 목사 본회퍼(Bonhoeffer)가 2차 대전 당시 감옥에 있을 때 몰두한 일이었다. 그는 "나를 끊임없이 괴롭히는 것은…오늘날 우리에게 예수님은 어떤 분인가 하는 질문이다"라고 썼다.[2] 이것은 어려운 질문이다. 어느 세대에나 교회는 이 질문에 대답하고자 신약 저자들이 묘사한 모습에서 벗어난 그리스도의 이미지를 발전시키는 경향이 있었다.

예수님을 현대화하려는 시도들

현대적인 그리스도의 모습을 제시하려는 교회의 수많은 시도 중 몇 가지는 다음과 같다. 그중 어떤 것들은 다른 것보다 더 원래 모습에 충실했다.

우선 여러 세대의 수도승들과 은자들을 고취시켰던 **금욕주의자 예수**에 대해 생각해 보자. 예수님은 세례 요한과 매우 비슷했다. 그분 역시 낙타털로 만든 옷을 입었고, 샌들을 신거나 맨발로 다녔으며, 아주 맛있게 메뚜기를 드셨기 때문이다. 그러나 이런 묘사를 예수님이 사시던 당시 사람들의 비난, 곧 그분이 "와서 먹고 마[신다]",[3] 파티에 가기를 즐기는 사람이라는 비난과 조화시키기는 매우 어려울 것이다.

그다음으로 **창백한 갈릴리인 예수**가 있다. 콘스탄티누스(Constantine) 대제가 로마의 이방신들 대신 그리스도를 숭배한 후에, 배교자 율리아누스(Julian) 황제는 다시 그 이방신들을 숭배하려고 애썼으며, 주후 363년에 임종을 맞는 자리에서 "그대가 이겼도다, 오 갈릴리인이여"라고 말한 것으로 알려졌다. 그의 말은 19세기의 시인 스윈번(Swinburne)이 쓴 다음과 같은 시구로 널리 퍼졌다.

그대가 이겼도다 오 창백한 갈릴리인이여

세상은 그대의 숨결로부터 잿빛으로 변했도다.

이런 예수의 모습은 중세의 미술과 스테인드글라스에 영구히 보존되어 있는데, 천상의 후광을 입은 채 핏기 없는 안색을 띤 예수가 눈을 들어 하늘을 보고 발을 전혀 땅에 디디지 않고 있는 모습으로 그려져 있다.

예수님을 연약하고, 고난받으신, 패배한 분으로 제시하는 것과 대조되는 묘사로, **우주적 그리스도 예수**가 있다. 이런 묘사는 비잔틴 교회 지도자들로부터 많은 사랑을 받았다. 그들은 예수님을 왕의 왕이며 주의 주로, 우주의 창조주이시며 통치자로 묘사했다. 그러나 만물 위에 높이 오르고 영화롭게 되어 다스리시는 그분의 모습은, 현실 세계나 심지어 성육신과 십자가에서 나타난 그분의 인성과는 동떨어져 보였다.

이와는 반대 극단의 신학적 견해로, 17세기와 18세기의 계몽주의 이신론자들이 자신들의 형상을 따라 구성해 낸, 신성이라고는 전혀 없고 완전히 인간적인 **상식 교사 예수**가 있다.[4] 가장 극적인 예는 1801-1809년 미국 대통령을 지낸 토머스 제퍼슨(Thomas Jefferson)의 작품이다. 그는 초자연적인 것은 이성과 양립할 수 없다고 거부하고, 손수 편집한 복음서들을 출판했다. 이 책에서 모든 기적과 신비는 조직적으로 제거되었다. 남은 것은 순전히 인간적인 도덕 교사에 대한 안내서였다.

20세기에는 광범위한 견해들이 제시되었다. 그중 뮤지컬을 통해 잘 알려진 두 모습이 있다. 먼저 〈가스펠〉(Godspell)의 **광대 예수**다. 광대 예수는 노래하고 춤추면서 시간을 보낸다. 그렇기에 예수님의 쾌활한 모습은 어느 정도 포착되지만, 예수님의 사명은 심각하게 고려되지 않는다. 이와 다소 비슷한 것이 〈지저스 크라이스트 슈퍼스타〉(Jesus Christ Superstar)다. 주인공은 미몽에서 깨어난 명사(名士)로서 한때는 자신이 누구인지 안다고 생각했지만 겟세마네에서는 더 이상 그것을 확신하지 못한다.

작고한 쿠바 대통령 피델 카스트로(Fidel Castro)는 종종 예수님을 '위대한 혁명가'라고 불렀으며, 돈 바꾸는 자들의 상을 뒤엎고 채찍으로 그들을 성전 밖으로 쫓아낸 것이 그분의 가장 특징적 행동인 양, 그분을 **자유의 투사 예수**로, 도시의 게릴라로, 검은 턱수염과 불타는 눈을 가진 1세기 체 게바라(Che Guevara)로 묘사하려는 시도는 그 외에도 많았다.

이런 다양한 묘사들은 그리스도를 현대의 유행에 맞게 새로운 모습으로 바꾸려는 경향이 되풀이되는 것을 보여 준다. 이는 사도 시대에 바울이 사람들에게 "우리가 전하지 아니한 예수"를 전파하는 거짓 교사들을 경고했을 때부터[5] 시작되었다. 이어지는 각 세대는 자기 나름의 이상과 열망을 가지고 예수님을 재해석하고 나름의 형상으로 그분을 창조해 내는 경향이 있다.

그들의 동기(현대적인 예수님의 모습을 그려 내겠다는 것)는 옳으나, 그 결과는 언제나 왜곡된다(그 묘사는 진정한 예수님의 모습이 아니므로). 우리가 마주한 도전은, 우리 세대에게 정확하면서도 호소력 있는 예수님의 모습을 제시하는 것이다.

이중 귀 기울임이라는 소명

예수님의 참모습을 저버리는 주된 이유는 현대의 동향에 너무 많이 신경 쓰고 하나님의 말씀에 너무 적게 신경 쓰기 때문이다. 적실성에 대한 갈망이 너무 집요해서 우리는 어떤 대가를 치르더라도 그것에 굴복해야 한다고 느낀다. 우리는 최신 유행에 노예가 되어, 현대성이라는 제단에 진리마저 제물로 바칠 준비가 되어 있다. 적실성을 추구하는 것은 인기에 대한 욕망으로 전락하고 만다. 부적실성의 반대 극단은 순응, 곧 원칙 없이 무기력하게 시대정신에 항복하는 것이다.

하나님의 백성은 그들에게 아주 적대적일 수도 있는 세상에 산다. 우리는 끊임없이 세상을 본받으라는 압력을 받는다.

그러나 감사하게도, 굳게 때로는 외로이 서서 타협을 거부한 몇몇 고귀한 사람들이 항상 있었다. 주전 6세기의 예레미야, 예수님 당시의 바울("모든 사람이 나를 버[렸다]"),[6] 4세기의 아타나시우스(Athanasius), 16세기의 루터(Luther)를 말하는 것이다.

오늘날 우리 역시 현대의 딜레마와 두려움과 좌절에 대해 말하면서도, 그 과정에서 성경의 복음을 타협하지 않겠다는 동일한 결심을 가지고 복음을 제시하려고 애써야 한다. 몇몇 걸림돌은 복음에 원래 내재되어 있어 복음을 더 받아들이기 쉽게 하기 위해 제거하거나 조절할 수 없다. 복음의 몇몇 특징은 현대인의 생각과 너무나 안 맞아서, 그것이 "참되고 온전한 말"[7]임을 알리려고 아무리 애써도, 항상 '어리석어' 보일 것이다. 십자가는 언제나 인간의 자기 의를 공격하고 인간의 방종에 도전할 것이다. 그 '수치'(걸림돌)는 절대로 제거될 수 없다. 교회는 세상과 구별할 수 없을 때가 아니라 그 둘을 구별하는 빛이 가장 밝게 빛날 때 참으로 진정한 메시지를 선포하게 된다.

하나님의 말씀을 다른 사람들에게 전하는 일에 열심을 내더라도, 우리는 반드시 말씀 자체에 신실해야 하며, 필요하다면 이를 위해 고난받을 준비도 해야 한다. 에스겔에게 주신 하나님의 말씀은 우리에게 격려가 된다. "그들을 두려워하지 말고…듣든지 아니 듣든지 너는 내 말로 고할지어다."[8] 우리는 유행을 좇도록 부름받은 것이 아니라 신실하고 적실하도록 부름받았다.

그렇다면 우리는 역사적이고 성경적인 기독교의 진리들로 형성되었으면서도 현대 사회의 실상을 완전히 꿰뚫는 '기독교 지성'을 어떻게 개발할 수 있을까? 먼저 이중 거부로부터 시작해야 한다. 하나님의 말씀에 열중한 나머지 세상을 직면하지 못할 만큼 말씀으로 **도피하는** 것과, 세상에 너무 몰두한 나머지 하나님의 말씀으로 세상을 판단하지 못할 만큼 세상에 **순응하는** 것 모두를 거부한다.

우리는 이런 이중 거부 대신, 이중 귀 기울임으로 부름받았다. 우리는 기대하는 마음으로 겸손하게, 때로는 거북하고 소화하기 어려운 말씀도 감당할 준비를 하고, 하나님의 말씀에 귀 기울여야 한다. 우리는 또한 주위 세상에도 귀를 기울여야 한다. 우리가 듣는 음성들은 날카롭고 귀에 거슬리는 항변의 형태를 띨 수도 있다. 괴로움에 처한 이들의 고뇌에 찬 부르짖음, 하나님과 불화하고 있는 사람들의 고통과 의심과 분노와 소외, 심지어 절망의 외침도 있을 것이다. 하나님의 말씀에 귀 기울일 때는 겸손히 순종하는 마음으로 이해하려고 애써야 한다. 그리고 우리가 이해한 것은 무엇이든 믿고 순종하기로 결심해야 한다. 세상에 귀 기울일 때는 정신을 바짝 차리고 비판적인 자세로 이해하려 애써야 한다. 그리고 그것을 믿거나 순종하지는 않지만, 세상의 처지에 공감하며 복음이 어떻게 세상과 관련되었는지를 발견하기 위해 은혜를 구해야 한다.

귀 기울이는 일은 누구에게나 어렵다. 하지만 그리스도인들은 다른 사람들보다 귀 기울이는 데 더 서툴지 않은가? 우리는 구약 욥기에 나오는 소위 '위로자'들에게서 배울 수 있다. 그들의 시작은 좋았다. 욥이 처한 어려움을 들은 그들은 자기 집을 떠나 욥을 방문했다. 그리고 욥의 고난이 얼마나 큰지 보고는 꼬박 일주일 동안 그에게 아무 말도 하지 않았다. 그들이 처음처럼 그렇게 계속 입을 다물고 있었다면 얼마나 좋았을까! 그러나 그들은 '모든 죄인은 자신의 죄 때문에 고난받는다'는 그들의 진부한 정설을 가장 둔감한 방식으로 욥 앞에 늘어놓았다. 그들은 욥의 말에 귀 기울이지 않았다. 분별없고 비정한 허튼소리들만 반복했을 뿐이다. 결국 하나님이 개입하셔서 그들이 하나님에 대해 바르게 말하지 않았다며 꾸짖으실 때까지 그랬다.

우리는 '이중 귀 기울임'(double-listening)을 개발해야 한다. 그것은 두 음성, 곧 성경을 통해 말씀하시는 하나님의 음성과 주위 사람들의 음성을 동시에 듣는 능력이다. 이 두 음성은 종종 서로 모순되지만, 우리는 둘 모두를 듣고 이 둘이 서로 어떻게 관련되는지 발견해야 한다. 이중 귀 기울임은 그리스도인의 제자도와 기독교 선교에서 필수 불가결하다.

'현대를 사는 그리스도인'이 되는 것은 이런 이중 귀 기울임을 훈련함으로써만 가능하다. 참되고도 새로운 좋은 소식을 전파하면서 하나님의 말씀을 세상에 적용하는 법을 배울 때, 우리는 '역사적'이라는 말과 '현대적'이라는 말을 결합시킨다.

간단히 말해서, 우리는 '그때'의 빛에 비추어 '지금'을 산다.

세상 | 서론

이론적으로, 세상은 낡고 타락한 공동체인 반면, 교회는 하나님의 새롭고 구속받은 사회다. 어떤 신학자들은 그 차이를 최소화하고 싶은 나머지, 모든 인간에게 무차별적으로 '하나님의 백성'이라는 명칭을 사용하여 세상과 교회를 동일시하기까지 한다. 다른 경로로 같은 목표에 도달하는 사람들도 있다. 그들은 교회가 어떤 견해와 가치관을 가져야 하는지를 세상이 지시하도록 해서, 결국 교회가 세상에 순응하고 사실상 교회와 세상을 구별할 수 없게 되도록 만든다. 셋째 집단은 교회와 세상이 서로의 영역을 침범하거나 서로의 일에 간섭하지 않으면서 우호적인 공존 상태로 함께 살아가는 것으로 만족한다.

넷째 가능성은 예수님과 제자들이 마음속에 그리고 있던 것으로, 교회가 세상에 침투해야 할 책임을 하나님으로부터 받았다는 것이다. 교회는 세상의 도전에 귀를 기울이되 말과 행위로 복음을 나눔으로써 세상에 도전해야 한다. 이런 임무를 올바로 나타내는 용어가 '선교'다. '선교'란 하나님이 교회를 세상 속으로 보내셔서 하게 시키신 일이다. 우리는 이와 관련하여 네 가지 주된 특성을 살펴볼 것이다.

1장에서는 예수 그리스도의 유일성이라는 주제를 살펴본다. 이는 아마도 오늘날 세계 전역의 교회가 직면한 가장 중요하고도 가장 긴급한 문제일 것이다. '유일한' '절대적인' '최종적인' 등과 같은 전통적 수식어를 여전히 예수님께 적용할 수 있을까? 아니면 우리는 예수님이 수많은 종교 지도자들 중 한 분일 뿐이며 모든 종교에는 나름의 독자적 타당성이 있다고 주장하는 '다원주의'의 압력에 굴복해야 하는가? 만일 예수님이 인격과 사역 면에서 유일한 분이었고 지금도 그렇다면, 우리는 그분을 알릴 책임이 있다. 만일 그분이 그렇지 않다면, 기독교 선교의 가장 근본 토대가 침식된 것이며 우리는 그리스도를 위해 세상을 얻으려는 야망을 포기해야 할 것이다.

2장에서는 기독교 선교에 대한 충분한 성경적 기초를 제시할 것이다. 이는 그리스도의 유일성을 넘어 하나님의 본성에까지 이른다. 선교는 하나님의 마음에서 시작되기 때문이다. 성경에 계시된 살아 계신 하나님은 선교하시는 하나님이다. 성경 전체에 대한 간략한 검토는 성경의 다섯 부분이 각각 불가피한 선교적 강조점을 갖고 있음을 보여 줄 것이다.

3장 '총체적 선교'에서는 교회의 복음 전달이 말로만 가능한 것이 아니라, 행위로도 가능해야 함을 볼 것이다. 그리스도의 선교에서와 마찬가지로 교회의 선교에서도 좋은 소식과 선한 행위는 결합되어 있다.[1] 하나님의 목적들에서는 복음 전도와 사회적 책임이 하나님의 목적 안에서 서로 결합되어 있으며, 그 둘은 서로 분리되면 안 된다.

4장에서는 다시 그리스도께 돌아갈 것이다. 기독교 선교에서 그분에 대한 분명하고 새로운 비전보다 더 중요한 것은 없기 때문이다. '선교의 기독론'이라는 제목 아래, 우리는 예수님의 구원 사역에 나타난 다섯 가지 주된 사건들을 자세히 이야기할 것이다. 각각이 선교적 차원을 가지고 있다는 것을 보기 위해서다. 그로부터 우리의 사명인 그 선교의 모범과 대가, 동기와 긴급성, 위임령, 동기, 긴급성을 배우게 될 것이다.

1
예수 그리스도의 유일성

나이지리아에서 일하는 한 사회사업가가 항구 도시 라고스의 뒷골목에 사는 어떤 젊은이를 방문했다. 그의 침대 곁에는 성경, 성공회 기도서, 코란, 「파수대」(여호와의 증인에서 내는 잡지) 세 부, 카를 마르크스의 전기, 요가 운동 책, 그리고—분명 이 가련한 친구에게 가장 필요했던 것인—『염려를 멈추는 법』(*How to Stop Worrying*)이라는 염가판 대중 서적이 있었다.[1]

1966년 런던의 '세인트마틴인더필즈'(St. Martin-in-the-Fields) 교회에서 최초의 다종교 예배가 드려졌다. 힌두교도와 불교도, 무슬림과 그리스도인이 대등한 조건에서 참여하여, 공통적 신앙이라고 여겨지는 네 가지 주장을 했고, 그들 각각의 경전에서 네 개의 본문이 읽혔고, 네 번의 축도가 있었다. 그 축도 중 단 하나에서만 처음이자 마지막으로 예수님의 이름이 언급되었다. 일반 언론들은 그것을 '종교 역사에 중대한 획기적 사건'이라고 환호하며 열광했다. 그러나 기독교 신문들은 그것을 '기독교 신앙의 배신'

이라고 썼다. 그들이 오늘날에도 이와 비슷한 말을 쓸 수 있을지 의심스럽다. 오늘날에는 정기적으로 다종교 예배가 드려지고 있기 때문이다.

하나는 라고스에서, 다른 하나는 런던에서 일어난 이 두 사건은 혼합주의 정신의 예다. 세계교회협의회 초대 총무였던 비서트 후프트(W. A. Visser't Hooft) 박사는 혼합주의를 정의하기를, "역사에 유일한 계시란 없고, 신적 실재에 이르는 길에는 여러 가지가 있으며, 종교적 진리나 경험에 대한 모든 공식화는 그것의 속성상 바로 그 진리에 대한 불충분한 표현이고, 모든 종교적 개념과 경험을 가능한 한 많이 서로 짜 맞추어 인류를 위한 하나의 보편적인 종교를 만들어 내는 것이 필요하다는" 견해라고 했다.[2] 그는 이런 관점을 소리 높여 거부했다. "지금은 그리스도인들이 자기 믿음의 핵심을 재발견해야 할 중요한 시기다. 그것은 예수 그리스도께서 인류의 수많은 종교에 한 가지를 더 추가하러 오신 것이 아니라, 그분 안에서 하나님이 세상을 자기와 화해시키셨다는 것이다."[3]

오늘날 그리스도의 유일성에 대한 전통적 이해에 주로 도전하는 것은 '혼합주의'가 아니라 '다원주의', 곧 세계의 종교들을 하나의 보편적 종교로 융합시키려는 시도가 아니라 각각의 종교가 모두 독특한 다양성 가운데 진실성을 지니고 있다는 인식이다.

우리가 택할 수 있는 선택은 보통 '배타주의' '포괄주의' '다원주의'로 요약된다.[4]

'배타주의'(이는 유감스럽게도 부정적인 용어로서, 사람들을 하나님 나라에서 배제하고 싶어 한다는 인상을 준다)는 구원이 다른 종교에서는 발견될 수 없고 오직 예수 그리스도 안에서만 발견될 수 있다는 역사적 기독교의 견해를 나타내는 데 사용된다.

'포괄주의'는 구원이 다른 종교를 믿는 사람들에게도 가능하다고 허용하지만, 그 구원은 잘 인식되지 않는 비밀한 그리스도의 사역으로 인한 것이라고 주장한다. 제2차 바티칸공의회에서 로마가톨릭은 이 견해를 채택하여, 그리스도의 구원 사역이 "그리스도인들에게만 아니라 선한 의도를 가진 모든 사람들에게도, 그 마음 안에서 알려지지 않은 방식으로 은혜가 역사하여, 효력을 발한다"고 진술했다.[5]

'다원주의'는 그보다 더 나아간다. 그것을 신봉하는 사람들은 배타주의를 '주제넘고' '오만하다'고 거부하고, 포괄주의를 '생색을 낸다'거나 '짐짓 겸손한 척한다'고 거부한다. '다원성'이라는 말이 단지 많은 종교가 있다는 사실을 표현하는 데 반해, '다원주의'라는 말은 그 종교들의 독자적 정당성을 단언한다. 그것은 기독교가 '절대적'이라거나 '유일하다'거나 '결정적'이라거나 '최종적'이라거나 '규범적'이라거나 '궁극적'이라거나 '보편적'이라는 모든 주장을 거부한다. "무한정 자라는 것은 암이다. 온 세계에서 계속 자라 가는 기독교라는 단 하나의 종교 역시 암적 존재가 될 것이다."[6] 기독교는 단지 많은 종교 가운데 하나로 여겨져야 하며, 예수님은 그저 여러 구원자 가운데 하나로 여겨져야 한다. 이는 이른바 "전 인류를 아우르는 더 깊고 넓은 연합 운동"이며 무지개는 그것의 '영원한 상징'으로 남는다.[7]

다원주의에 찬성하는 논증들

왜 많은 사람이 '다원주의'를 매력적이라고 생각할까?

첫째, 세계적 인식 때문이다. 자연환경에 대한 위협, 핵전쟁의 두려움, 북반구와 남반구 사이의 경제적 불의가 지속되는 상황 등은 지구적 관점을 갖도록 이끌었다. 인류의 생존 자체가 우리가 조화를 이루며 함께 살아가는 법과 공동선을 위해 협력하는 법을 배우느냐에 달려 있는 것처럼 보인다. 그러므로 종교를 포함해서 무엇이든 우리를 분열시키는 것이 점차 냉대를 받는 것은 이해할 만하다.

그에 대한 반응으로 그리스도인들은 세계적 조화를 추구하는 선봉에 서야만 한다. 우리는 하나님의 창조에 의해 세상에 있는 한 백성이다. 우리는 국제적 화해, 민주주의, 인권, 공동체 관계, 환경에 대한 책임, 새로운 국제 경제 질서 모색 등에 전념해야 한다. 더구나 민족과 종교가 서로 다른 사람들이 이런 유의 사회적 활동에서 함께 협력할 수 있고, 협력해야 하며, 실제로 하고 있다. 그러나 그렇게 하기 위해 예수 그리스도의 유일성에 대한 우리의 믿음을 포기할 필요는 없다. 진리를 희생해 가면서 연합을 추구하거나 중보자인 그리스도 없이 화해를 추구하는 것은 어리석은 일이 될 것이다. 게다가 그리스도께서는 사람들을 연합시키시는 것만큼이나 또한 불가피하게 분리시키신다. 그분은 자신이 "화평이 아니요 검을 주러"[8] 왔다고 말씀하셨다. 사람들이 그분을 찬성하는지 반대하는지에 따라, 모종의 갈등이 계속되리라는 것을 마음속에 그리고 계셨던 것이다.

둘째, 다른 종교에 대한 긍정적 인식 때문이다. 현대의 통신수단(특히 텔레비전과 여행과 인터넷)으로 인해 세계는 축소되었다. 전에는 우리에게서 매우 멀리 있었던 낯선 신앙과 관습을 가진 사람들이 지금은 바로 우리 이웃에 살고 있다. 그들은 우리 집 안으로—직접 오지 않더라도 화면을 통해서—들어온다. 이는 "오늘날 많은 사람이 새로이 체험하고 있는 현실"[9]이다. 우리의 언어로 번역된 다른 종교의 경전들을 이제 쉽게 구할 수 있다. 그리고 우리가 세계의 종교들을 더 알아 감에 따라 존 힉(John Hick) 교수가 말한 그들의 "막대한 영적 부요함"은 "옛날의 기독교 배타주의가 지니고 있던 그럴듯한 타당성을 부식시키는 경향"[10]이 있다. 게다가 서구에서 쇠퇴하고 있는 기독교가 "역사 속 위대한 종교들의 권력을 깨뜨리는 데 성공하지 못했다"는[11] 인식이 등장하면서, 일부 고대 종교들은 소생의 징후를 보이고 있다.

우리는 오늘날 세계의 종교들에 대해, 특히 학교에서의 비교종교학 연구를 통해 더욱 자세히 알게 된 것들을 환영해야 한다. 그러나 우리가 다른 종교들에서 '부요함'을 발견한다면, 또한 예수 그리스도의 절대적 유일성은 더욱 분명히 분별하게 될 것이다. 이에 대해서는 뒤에서 살펴보겠다. 다원주의 주창자인 스탠리 사마르타(Stanley Samartha)는 "우리의 특정한 전통만을 배타적으로 주장하는 것은 우리의 이웃을 우리 자신과 같이 사랑하는 최선의 방법이 아니다"라고 쓴다.[12] 그러나 사실은, 만일 복음이 참이라면 그렇게 주장하는 것이 이웃 사랑을 표현하는 최선이자 최

1 예수 그리스도의 유일성 35

고의 방법이다. 만일 복음이 참이라면, 우리가 이웃들을 그리스도에 대한 무지 가운데 내버려 둔 채 그들을 사랑한다고 주장할 수는 없기 때문이다. 다른 종교에 활력이 넘치는 데 비해 기독교가 쇠퇴한 것 때문에 복음이 참이 아니라는 결론에 이르러서는 안 된다. 오히려 그로 인해 자기 성찰과 회개를 하고 삶을 바로잡으며 다른 사람들과 복음을 나누는 더 나은 방법을 채택해야 한다.

셋째, 식민지 시대 이후의 겸손 때문이다. 4세기 동안 서구는 정치, 군사, 경제, 과학 면에서 세계를 지배해 왔으며 당연히 도덕적·영적으로도 우월하다고 생각했다. 실제로 기독교가 "다른 종교를 대하는 태도는 식민주의 사고방식에 의해 형성되어 왔다."[13] 그러나 제2차 세계대전의 종말은 식민지 시대의 종말을 알렸다. 서구가 '분명히 우월한 위치에서 거의 동등한 위치'로 내려가는 심원한 문화적 변화를 겪음에 따라, 신학적 의식에서도 이와 유사한 변화가 일어났다. "이런 극적인 상황은…모두에게 종교들의 상호 관계에 대한 새로운 이해, 말하자면 영적 세력들의 새로운 균형을 강요했다"고 랭던 길키(Langdon Gilkey) 교수는 썼다. 그것은 우리 모두를 '우월성'의 자리에서 끌어내 '동등성'으로 밀어 넣었다.[14] 그러므로 기독교의 보편성을 계속 주장하는 것은 이전의 제국주의적 사고방식으로 퇴보하는 것이라는 말이다.

서구에 사는 사람들에게는 식민지를 확장하던 지난 수 세기 동안 영토 정복과 영적 정복, 정치와 종교, 총과 성경, 군기와 십자가가 너무 자주 서로 손을 맞잡고 갔다는 사실을 인정하기가 분명 당혹스럽다. 제국의 권력을 대표하는 자들은 보통 그들이 통치하는 사람들에 대해 오만한 우월감을 표명해 왔다. 하지만 '우월성'이라는 말은 정의하기 어려운 단어다. 그것은 남을 전혀 관용하지 않는 자만심을 가리키는 것일 수 있다. 우리에게 이런 흔적이 조금이라도 있었다면 우리는 모두 회개해야 한다. 하지만 다른 종교를 믿는 사람들을 그리스도께로 회심시키려 하는 것 자체가 교만의 표지는 아니다. 오히려 그것은 복음이 하나님의 계시된 진리이기 때문에 다른 종교들보다 **우월하다**는 심오하고 겸손한 확신을 나타낸다.

그러나 다원주의가 갖고 있는 매력은 조화로운 세계에 대한 관심, 다른 종교들에 대한 긍정적 인식, 식민지 이후 시대의 겸손에 대한 바람 이상의 것이다. 그것은 더욱 깊은 뿌리를 갖고 있는데, 1987년에 나온 『기독교 유일성의 신화』의 열두 기고자는 이에 대해 검토한다. 이 학자들은 자신들이 "신학적 루비콘강을 건넜다"고 묘사한다. 배타주의에서 포괄주의로 넘어갔을 뿐만 아니라 포괄주의에서 다원주의로 넘어갔다는 것이다.[15] 그리고 그들은 그들이 건너갈 수 있도록 이끈 세 개의 '다리들'에 대해 말한다.

첫째 다리는 그들이 **역사적–문화적 다리**, 혹은 **상대성**이라고 부르는 것이다. 사람들이 아인슈타인의 일반 상대성 이론을 물리학 영역을 넘어 다른 영역(종교를 포함한)에까지 적용하기 시작한 이래, 절대적인 것은 아무것도 남아 있지 않은 것처럼 보인다. 고든 카우프만(Gordon Kaufman) 교수는 역사적 비교 종교 연구는 모든 종교가 각각 특정한 문화적 관점에서 나온 "인간 상상력의 산물"[16]일 뿐임을 시사한다고 주장한다. 그래서 기독교 신학은 그것이 절대적이거나 최종적인 진리라는 어떤 주장도 포기해야 하며, 그 대신에 "특정한 역사적 상황에서 삶의 방침을 발견할 필요성을 느낀 인간이 상상력을 동원해 만들어 낸 것"[17]으로 이해해야 한다. 톰 드라이버(Tom Driver) 교수는 한 걸음 더 나아가 "심지어 성경조차도…우리 인간의 창조물이다"라고 선언한다.[18]

물론 우리도 성경이 문화적 제약을 받는다는 사실을 인정한다. 그 저자들이 각각 자신의 독특한 문화 안에서 말했다는 의미에서 그렇다. 그러나 이처럼 성경의 인간적이고 역사적이며 문화적인 배경을 강조하는 것으로 그것의 본질을 완전히 설명할 수 있을까? 그렇지 않다. 성경의 이중 저작권, 즉 인간 저자들 배후에 그들의 말을 통해 말씀하신 신적 저자가 있으며 그분의 말씀은 역사와 문화를 초월하는 것이라는 주장을 믿을 만한 훌륭한 근거들이 있다. 다른 종교들은 '인간의 상상력의 산물'이라고 묘사될 수 있을 것이다(그들의 주장이 어떠하든지). 그러나 역사적인 기독교의 믿음은 복음이 비록 인간 저자들의 생각과 입을 통해 전달되긴 했지만 신적 계시의 산물이라는 것이다.

'신학적 루비콘강'을 건너는 둘째 '다리'는 신학적–신화적 다리, 혹은 신비라고 지칭된다. 즉 모든 종교에는 초월자에 대한 모종의 느낌, 또는 하나님에 대한 체험이 있다. 그분은 무한하고 말로 표현하기 어려운 분이므로 언제나 우리가 이해할 수 없는 채로 남아 있다. 윌프레드 캔트웰 스미스(Wilfred Cantwell Smith) 교수는 우리의 신학들이 단지 "하나님에 대한 개념적 표상들"일 뿐이며 "다른 표상들과 마찬가지로 각각은 그것의 주체에 대해 어느 정도 합당한 가치를 지닌다"라고 말한다. 그는 계속해서 원칙적으로 "교리와 조각상 간에…근본적 차이는 없다"고 말한다. 전자는 하나님의 지적인 형상이고 후자는 시각적인 형상이다. "우리 지성인들이 그 지성이 만들어 낸 산물을 절대화하는 것은 잘못이다." 왜냐하면 "신학과 예술은 둘 다 절대자에 대한 상대적인 이해를 제공하기 때문이다. 즉, 하나님에 대한 우리의 이미지를 절대시하는 것은 우상 숭배다."[19] 그는 더 나아간다. "그리스도인들이 기독교를 참되다거나 최종적이라거나 구원을 베푼다고 생각하는 것은 일종의 우상 숭배다. 하나님이 우리를 고취시켜 기독교를 건설하게 했다기보다…그 존재가 직접 기독교를 건설했다고 생각하는 것…그것이 우상 숭배다."[20] 또는 톰 드라이버가 요약하듯이 "우상 숭배는 오직 하나의 길, 하나의 기준, 하나의 진리가 있다고 주장하는 것이다."[21]

그에 대한 반응으로, 우리는 하나님이 인간이 할 수 있는 모든 상상이나 이해, 묘사를 뛰어넘는 초월적 실재라는 점에 분명 동의한다. 말로는 그분을 담기는커녕 포착할 수도 없다. 그분의 무한하심 때문에 우리는 결코 그분을 완전히 알 수 없다. 대신 우리는 깊이를 헤아릴 수 없는 그분의 존재를 영원토록 탐구하고 예배하게 될 것이다. 그럼에도 불구하고 그분이 하나의 신비로 남아 있다고 말하는 것은 그분이 자신을 계시하셨다는 주장과 양립할 수 있다. 더구나 예수님으로 성육신한 말씀과 성경에 기록된 말씀은 모든 그리스도인 신자의 규범이 되었다. 2천 년간 예수님의 유일성을 믿어 온 모든 교회의 모든 그리스도인이 우상 숭배자라고 주장하는 것은 상당히 기상천외한 일이다! 만일 그 언급이 인간이 만든 구조물로서의 기독교를 향한 것이라면 그것을 절대화하는 것은 아마도 우상 숭배가 될 수 있을 것이다. 그러나 그리스도의 최종성과 절대성을 인정하는 것은 우상 숭배가 아니라 진정한 예배다.

셋째, 윤리적-실제적 다리, 혹은 정의가 있다. 어떤 사람들은 다원주의가 세계 정의 추구에 기여할 것이라고 믿기 때문에 그것을 찬성한다.[22] 폴 니터(Paul Knitter) 교수는 해방 신학에서 많은 개념을 빌려 와서, "가난한 자들과 인간 취급을 받지 못하는 자들의 필요를 우선적으로 생각하기 위해 각 종교 간 대화가 필요하며, 그것이 또한 그 대화의 일차적 목적이다"라고 쓴다. 다시 말해, 다원주의는 그 자체가 목적이 아니라 억압받는 자들을 해방시키려는 목적을 위한 수단이라는 것이다. 이것은 어느 한 종교가 이루기에는 너무나 커다란 과업이기 때문에, "전 세계적 해방 운동은 전 세계적 종교 간 대화를 필요로 한다."[23] 종교를 판단하거나 '등급을 매길' 수 있는 유일한 기준은 교리적인 것이나 신화적인 것이 아니라 윤리적인 것, 즉 그 종교가 인간의 복지를 증진시키는 효율성이어야 한다.

우리는 사회정의라는 현대의 쟁점이 모든 그리스도인의 중대한 관심사여야 한다는 데 동의해야 한다. 왜냐하면 우리는 하나님의 형상으로 지음 받은 인격적 존재로서 인간의 존엄성을 인식하기 때문이다. 그러므로 우리는 복음주의 그리스도인들이 너무나 종종 사회 개혁의 선두가 아니라 뒷전에 서는 경향이 있었다는 것을 부끄러워해야 한다. 우리는 기독교를 포함한 여러 종교를 사회적 점수에 따라 평가하자는 제안에 대해서 아무런 불만도 없다. 복음이 각 개인과 공동체를 변화시키는 하나님의 능력이라는 것이 우리의 주장이기 때문이다. 우리 스스로가 삶에서 개인적으로나 공동체적으로나 이 능력을 체험했고 또한 인간의 역사에서 그 능력이 작용하는 것을 보았기 때문에, 우리는 힉 교수가 기독교의 사회적 점수를 다른 종교의 점수보다 나을 것도 못할 것도 없는 "귀중한 요소들과 해로운 요소들의 복잡한 혼합"[24]이라고 매우 부정적 평가를 내린 것에 동의할 수 없다.

요약

일부 사람들이 다원주의에 매력을 느끼는 여섯 가지 이유에 대한 우리의 반응은 각 경우 근본적으로 같다. 그 요인들은 진리의 문제를 회피한다. 하나님은 그리스도 안에서, 그리고 그리스도에 대한 성경의 증거 안에서 충분히 그리고 최종적으로 자신을 계시하셨는가, 아닌가?

1. 우리는 전 세계적 조화를 추구해야 한다는 점에 동의한다. 그러나 진리를 희생하면서까지 그러지는 않는다.
2. 우리는 다른 종교를 더 많이 아는 것이 우리를 풍부하게 한다는 점에 동의한다. 그러나 그 종교들을 비교하는 가운데, 진리라고 주장하신 그리스도의 말씀을 양보할 수는 없다.

3. 우리는 우월감이라는 식민주의적 태도는 오만하다는 점에 동의한다. 그러나 여전히 진리는 거짓보다 우월하다고 주장한다.
4. 우리는 성경이 문화적 제약을 받는다는 점에 동의한다. 그러나 하나님이 성경을 통해 진리의 말씀을 전하셨다고 주장한다.
5. 우리는 하나님의 궁극적인 신비는 인간이 도저히 이해할 수 없는 것이라는 점에 동의한다. 그러나 하나님이 그리스도 안에서 진정으로 자신을 계시하셨다고 주장한다.
6. 우리는 가난한 사람들을 섬기는 것이 그리스도인의 소명에 필수적인 부분이라는 점에 동의한다. 그러나 우리는 또한 진리를 증거하도록 부르심 받았다.

로즈마리 래드포드 류터(Rosemary Radford Ruether) 교수에 따르면, "기독교 혹은 심지어 성경에 기초를 둔 신앙이 종교적 진리를 독점한다는 생각은 언어도단이며 터무니없는 종교적 우월주의다."[25] 그녀가 말하는 '독점'이 다른 종교에는 아무런 진리가 없다거나 아니면 그리스도인들이 자기들만 하나님의 계시를 가지고 있고 그것을 나누지 않는다는 의미라면, 우리는 그녀의 불쾌한 말에 동의할 수 있을 것이다. 그러나 그녀가 말하는 '독점'이 하나님은 그리스도 안에서 충분히 그리고 최종적으로 자신을 계시하셨다는 믿음을 말하는 것이라면, 그것은 언어도단이거나 터무니없는 것이 아니라, 겸손하고 지혜로우며 냉철하고 사려 깊은 기독교 신앙이다.

만일 우리가 틀리기 쉬운 우리 자신의 견해들과 제한된 경험들에 대해서 유일성이나 최종성을 주장하고 있다면, 그것은 정말로 오만한 것이고 심지어는 언어도단일 것이다. 그러나 우리는 그런 주장을 하는 것이 아니다. 레슬리 뉴비긴 주교는 다음과 같이 말했다.

> 사실, 하늘과 땅에 존재하는 모든 것을 창조하시고 보존하고 계시는 전능하신 하나님이—인간 역사를 통해 알려진 시간과 장소에서—자신을 낮추사 우리 죄된 인류의 한 부분이 되시고, 우리의 죄를 없애기 위해 고난받으시고 수치스럽게 죽으셔서, 새 창조의 첫 열매로서 죽은 자 가운데서 살아나신 것이 사실이라면, 그것을 주장하는 것은 오만이 아니다. 그것에 대해 침묵을 지키고 있는 것은 우리 동료 인간들을 배반하는 것이다. 만일 '하나님의 아들이 나를 사랑하시고 나를 위해 자신을 드리셨다'는 것이 정말로 사실이라면—그것은 정말로 사실이다—어떻게 내가 이 비길 데 없는 은혜의 놀라운 행동이 단지 '비교 종교 연구'라는 교과목의 일부로만 그치는 데 동의할 수 있단 말인가?[26]

예수 그리스도의 유일성

그리스도인들은 오직 그리스도에 대해 유일성 및 최종성을 주장하는 것이지, 많은 제도적 혹은 문화적 형태 중 어느 한 가지 기독교에 대해 유일성을 주장하지 않는다는 점을 분명히 하는 것이 매우 중요하다. 나는 이 진술을 뒷받침하기 위해 아프리카, 아시아, 유럽 출신의 증인 세 명을 세우겠다.

첫째, 케냐의 존 음비티(John Mbiti) 교수는 이렇게 썼다. "기독교의 유일성은 예수 그리스도 안에 있다."[27]

아시아인 증인은 인도의 그리스도인 신비주의자이며 복음 전도자인 사두 선다 싱(Sadhu Sundar Singh)이다. 시크교도 집안에서 자라나 십대에 그리스도께 회심한 그는 후에 '사두'(*sadhu*), 곧 순회 성인이 되었다. 힌두 대학을 방문한 어느 날 그는 한 불가지론자인 비교종교학 교수로부터 그의 옛 종교에서 발견하지 못한 것 중 기독교에서 발견한 것이 무엇이냐는 질문을 받았다. 그는 "나는 그리스도를 가지고 있습니다"라고 대답했다. "네, 압니다." 질문한 그 교수는 약간 조급하게 말했다. "하지만 당신이 이전에 발견하지 못한 어떤 특별한 원리나 교리를 발견했느냐는 말입니다." 그는 대답했다. "내가 발견한 특별한 것은 바로 그리스도입니다."[28]

나의 유럽인 증인은 널리 여행을 다닌 영국 성공회 학자인 스티븐 닐(Stephen Neill) 주교다. 그는 다원주의와 논쟁하면서 그리스도 중심성을 강조했다. 그는 이렇게 썼다. "'기독교는 그리스도다'라는 옛말은 거의 정확하게 사실이다. 나사렛 예수라는 역사적 인물은 기독교의 모든 주장을 평가하는 기준이며, 그 기준에 비추어 그 주장의 진위가 결정된다."[29] 그는 기독교를 비판하는 사람들에게 이렇게 묻는다.

우리의 대담자들은 정말로 예수 그리스도를 직시하고 그분을 있는 그대로 보려고 애쓴 적이 있는가? 우리가 복음을 진지하게 생각한다면…예수님은 결코 지금까지 살았던 어느 누구와도 같지 않기 때문이다. 그분이 하나님에 대해 말한 것은 다른 어떤 종교적 스승의 말과도 달랐다. 그분이 스스로에 대해 하신 주장은 다른 어떤 종교의 스승에 대한 주장과도 같지 않았다. 인간의 삶과 사회에 대한 그분의 비판은 다른 어떤 사람들이 했던 것보다 훨씬 더 통렬했다. 그분이 제자들에게 하신 요구는 다른 어떤 종교의 선생들이 제기한 것보다 더 엄중한 것이었다.[30]

그렇다면 우리의 주장은 예수님이 단순히 세계의 위대한 영적 지도자들 가운데 한 명이었다는 것이 아니다. 그분을 알렉산더 대왕(Alexander the Great)이나 찰스 대제(Charles the Great), 또는 나폴레옹 대왕(Napoleon the Great) 같은 사람들과 비교하여 '위대한 분 예수'(Jesus the Great)라고 부르는 것은 너무나도 앞뒤가 맞지 않는다. 예수님은 '위대한 분'이 아니다. 그분은 유일한 분이다.[31] 그분께는 동료도 맞수도 후계자도 없다.

그러면 초대 그리스도인들은 예수님을 어떻게 생각했을까? 그들은 그분에게 많은 이름과 호칭을 붙여 주었다. 종종 그분은 그저 '예수' 혹은 '그리스도' 아니면, 그분의 인간 이름과 메시아적 호칭이 결합된 '예수 그리스도'였다. 또한 가끔 '주'라는 말이 덧붙여져 '주 예수' 혹은 '주 그리스도' 혹은 '주 예수 그리스도'라고 불린다. 하지만 생략하지 않고 그분의 호칭을 완전하게 말하면 '우리 주와 구주이신 예수 그리스도'다. 베드로의 두 번째 편지 결론

부에 그 예가 나온다. "우리 주 곧 구주 예수 그리스도의 은혜와 그를 아는 지식에서 자라 가라."³²

이런 호칭에는 세 가지 별개의 주장이 암시되어 있다. 즉 예수님은 주님이시고 예수님은 구원자이시며, 예수님은 우리의 것이라는 주장이다. 이 세 가지는 모두 그분의 유일성을 선포한다.

예수님은 주님이시다

'주 예수'라는 말은 모든 기독교 신조 가운데 가장 이른 것이었다. 그것은 성육신에 대한 고백이다. 그것은 인간 예수와 신적 주님이 하나임을 단언하는 것이기 때문이다. '퀴리오스'(kyrios)라는 말은 매우 다양한 의미로 쓰였다. 한편으로는 그 말은 단순한 존칭('Sir'처럼)으로, 혹은 재산의 소유자를 지칭하는 말로 쓰일 수 있었다. 다른 한편으로, 그 말은 고대 그리스 시대 내내 신들을 언급하는 데 사용됨으로써 자연과 역사를 다스리는 신들의 권한을 인정하는 방편이기도 했다. 그러고 나서 그 말은 인간 통치자, 특히 황제를 나타내는 데 사용되기에 이른다. 히브리어 성경을 헬라어로 옮긴 학자들은 통상 하나님을 나타내는 구약의 언약 이름인 야훼를 의역할 때 이 단어를 사용하였다. 이 말이 신약에서 부활하신 그리스도께 사용되었다는 사실³³ - 제자들이 그분을 예배하고 따르는 데 헌신된 그분의 종이라는 함축과 함께 - 은 그들이 그분의 신성을 인정했다는 분명한 암시다. 더욱이 놀라운 것은 최초의 유대인 제자들이 이 용어를 사용했다는 점이다. 그들은 오늘날의 무슬림들만큼이나 철저한 유일신론자였기 때문이다. 그들은 "우리 하나님 여호와는 오직 유일한 여호와이시니"[34]라고 고백하는 '쉐마'(Shema)를 날마다 암송했다. 그런 그들이 예수님을 담대하게 주님이라고 불렀으며 그분을 하나님으로 경배했다.

다른 어떤 종교에도 이런 것은 없다. 물론 유대인들은 여전히 예수님의 신성을 부인한다. 무슬림들도 마찬가지다. 무함마드는 성육신을 지나치게 육체적 관점으로 오해하여 코란에 "알라는 자신이 아들을 낳는 것을 금하노라"라고 써 놓았다.[35]

초기의 혹은 전통적 불교에는 신이나 예배가 없다. 붓다가 죽은 지 약 500년이 지나기까지는 그에게 신상이나 신적 영광이 부여되지 않았다. 그러므로 우리는 힉 교수의 "붓다론과 기독론은 서로 비교할 수 있는 방식으로 발전되어 왔다"[36]라는 말을 받아들일 수 없다. 그는 각각의 추종자들이 종교적으로 헌신한 결과 예수와 붓다를 하나의 성육신으로 "생각하게 되었다"고 주장한다. 하지만 이런 비교는 부적합하다. 왜냐하면 예수님은 동시대에 살던 사람들에게 '주님'이라고 불린 반면, 붓다가 신적인 존재로서 예배를 받게 된 것은 그가 죽은 지 500년이나 지난 후였기 때문이다.

힌두교에서는 수많은 '아바타'(avatar) 혹은 신의 '강림'이 있다고 주장한다. 즉 비슈누(Vishnu) 신이 라마(Rama), 크리슈나, 그리고 다른 것들 안에서 나타났다는 것이다. 『바가바드기타』에서 크리슈나는 아르주나(Arjuna)에게 자신은 종종 인간의 형태를 취한다고 말한다. "나는 여러 번 태어났다.…비록 나는 태어나지 않았고, 영원하며, 모든 것의 주인이지만, 나는 자연의 영역에 들어가 나의 불가사의한 능력에 의해 태어났다."[37] 19세기 힌두교의 개혁가였던 라마크리슈나(Ramakrishna)의 주장은 아마 훨씬 더 놀라울 것이다. 그는 자신이 "이전에 라마로서, 크리슈나로서, 예수로서, 또는 붓다로서 태어났던, 라마크리슈나로 다시 태어난 똑같은 영혼"이라고 말했다.[38]

하지만 '성육신'은 산스크리트어인 '아바타'라는 말의 적절한 혹은 정확한 번역이 아니다. 그 둘을 연결시키는 것은 힌두교와 기독교의 두 가지 근본적 차이점을 감추는 것이다. 첫째, 역사성의 문제가 있다. 비슈누의 '아바타'는 힌두교의 신화에 속한다. 힌두교는 철학적·신비적·윤리적 종교다. 힌두교인들에게 '아바타'가 실제로 일어났는지 여부는 중요하지 않다. 그러나 기독교는 본질적으로 예수 그리스도 안에서 하나님이 성육신하신 것이 아우구스투스가 로마의 황제였을 때 팔레스타인에서 일어난 역사적 사건이었다는 주장에 근거한 역사적 종교다. 그 역사성이 거짓으로 증명된다면 기독교는 파기되고 말 것이다.

둘째 차이점은 '아바타'의 복수성에 있다. 크리슈나는 여러 번에 걸친, 심지어 '빈번한' 환생에 대해 말했다. 그러나 '성육신'(incarnation)과 '환생'(reincarnation)은 근본적으로 다른 개념이다. '아바타'는 비슈누가 일시적으로 나타나거나 인간의 모습을 취하는 것이었다. 신적 존재가 실제로 인성을 입는 일은 없으며, 이는 결코 힌두교의 중심 사상이 아니다. 이와 대조적으로 기독교는 하나님께서 나사렛 예수 안에서 단번에 그리고 영원토록 스스로 인성을 입으셨다고 주장한다. 우리는 하나님이 예수님 안에서 성육신하신 것이 확고하고 영원하며 되풀이될 수 없는, 인간 역사의 전환점이자 새로운 시대의 시작이었다고 주장한다. 오늘날 하나님 우편에서 다스리고 계신 분은 여전히 신성을 지녔을 뿐 아니라 인성도 지닌 바로 그 '인간 그리스도 예수'시다. 비록 지금은 그의 인성이 영화되었긴 하지만 말이다. 그분은 한번 우리와 같은 본성을 입으신 후 결코 그것을 버리지 않으셨으며 앞으로도 그럴 것이다.

이처럼 예수님의 유일성의 첫 번째 측면은 그분이 주님이시라는 것이다. 그분은 인간이 되신 하나님의 영원한, 인격적인 '말씀'(Word) 혹은 '아들'이다. 그 결과 "그 안에는 신성의 모든 충만이 육체로 거하[신다]."[39] 그분은 우주와 교회의 주권적 통치자시다. 그분이 겸손한 사랑으로 통치하시는 것은 사실이다. 주님이 종이 되시어 자기 제자들의 발을 씻겨 주었기 때문이다. 그러나 우리의 마땅한 위치는 그분의 발아래다.

예수님은 구원자시다

예수님의 호칭 안에 포함되어 있는 두 번째 주장은 그분이 구원자시라는 것, 신적 주님이 신적 구원자시라는 것이다. 그리고, 비록 구원이라는 단어가 오늘날 많은 사람에게 혐오스러운 것이긴 해도, 우리는 그 단어를 결코 포기할 수가 없다. 기독교는 본질적으로 구원의 종교이기 때문이다. 기독교는 구원의 기쁜 소식을 전한다. 교회가 수 세기에 걸쳐 니케아 신경으로 고백해 왔듯이 "우리와 우리의 구원을 위해 그분이 하늘로부터 내려오셨다."

그런데 '구원'이라는 말은 소외된 피조물을 위한 하나님의 모든 구속 목적들을 포함하는 포괄적인 단어다. 구원은 자유로서, 서로 대응되는 소극적 측면과 적극적 측면을 지니고 있다.

- 구원은 우리의 죄에 대한 하나님의 의로운 심판으로부터의 자유, 죄책과 죄의식에서 벗어나 그분과의 새로운 관계로 들어가는 자유다. 그 관계 안에서 우리는 그분과 화목하게 되고 용서받은 자녀가 되고 그분을 아버지로 알게 된다.
- 구원은 무의미함이라는 괴로운 속박에서 벗어나 하나님의 새로운 사랑의 사회에서 새로운 목적의식을 갖게 되는 자유다. 그 사회에서는 나중 된 자가 먼저 되고 가난한 자가 부요하게 되며 온유한 자가 상속자가 된다.
- 구원은 우리의 자기중심성이라는 어두운 감옥에서 나와 자신을 잊어버리는 섬김을 통해 자기 성취를 이루는 자유다.
- 그리고 언젠가 구원은 고통, 썩음, 죽음, 소멸이라는 무익한 상태를 벗어나 영원불멸하고 아름다우며 상상할 수 없는 기쁨의 새 세계로 들어가는 자유를 포함하게 될 것이다.

이 모든 것—그리고 그 이상의 것—이 '구원'이다.

예수 그리스도께서 이 세상에 오셔서 십자가에서 죽으시고 다시 살아나신 것은 바로 이런 커다란 복을 확보하기 위해서였다. 주도권을 쥐신 분은 우리가 아니라 그분이었다. "인자가 온 것은 잃어버린 자를 찾아 구원하려 함이니라."[40] 그분은 자신을, 나머지 자기 양들을 두고 잃어버린 한 마리 양을 찾으러 간 목자로 비유하셨다. 그 목자는 잃어버린 양을 포기하기는커녕 그 양이 울면서 집을 향해 허둥거리며 돌아올 것을 예상하고 목숨을 걸고 그 양을 찾았다.[41] 실제로 '선한 목자'는 자기 양을 위해 자신의 목숨을 내어 주셨다.[42] 의도적으로 그리고 자발적으로 예수님은 우리와 동일시되시려고 십자가로 가셨다. 그리스도 안에서 하나님은 우리를 대신하여 우리의 죄를 지시고 우리의 죄악을 담당하셨으며 우리의 형벌을 받으시고 우리의 죽음을 담당하셨다. 우리가 용서받고 재창조되게 하기 위해서다. 그러고 나서 그분은 자신에게 내려진 인간의 판결을 뒤엎고 자신의 신인성과 구원 사역을 입증하기 위해 초자연적으로 죽음에서 다시 살아나셨다.

이것 역시 유일하다. 우리는 그분의 유일성을 그분의 성육신뿐 아니라 그분의 속죄의 죽음과 역사적인 부활에서도 본다. 은혜로운 하나님이라는 개념 전체, 즉 우리의 죄를 눈감아 주는 것도 우리에게 그 벌을 내리시는 것도 거부하시고 그 대신 우리를 구원하시려고 주도권을 쥐셨으며 십자가 위에서 수치스럽고 고통스러운 죽음을 당하시고 부활로써 죽음의 권세를 멸하신 하나님이라는 개념은 다른 종교들에서 유례를 찾을 수 없다. "다른 종교에 성육신과 속죄의 교리 등과 조금이라도 비슷한 것이 있는지 모르겠지만…나는 아직 그것을 발견하지 못했다"라고 스티븐 닐 주교는 썼다.[43] 그것은 발견할 수가 없다. 에밀 브루너의 말이 옳다. 그는 여러 형태의 자기 구원을 가르치는 "기독교 외의 다른 모든 종교들은 자기 확신에 찬 낙관주의"를 가지고 있는 반면, 복음의 전체적 강조점은 죄인들을 향한 하나님의 은혜로운 '자기 행동'과 '믿음의 대기실'로서의 자기 포기에 있다고 말했다.[44]

불교는 인간의 곤경이 죄보다는 고(苦)에, 그리고 고통의 뿌리라고 보는 '욕'(欲)에 있다고 본다. 오직 스스로 노력하여 욕망을 없애는 것이 해방되는 길이다. 하나님도 구원자도 없다. '쉬지 말고 노력하라'는 것이 부처가 죽기 전 제자들에게 남긴 마지막 말이었다.

철학적 힌두교는 우리의 문제가 '마야'(maya)에 있다고 본다. 이 말은 보통 시공간적 경험의 '환영'(illusion)으로 이해된다. 한편 대중적 힌두교는 '카르마'(karma), 곧 환생을 통한 응보라는 불변의 교리를 가르친다. 각 사람은 자기 악행의 열매를 먹어야 한다. 이생에서가 아니면 내세에서라도. 이런 끝없는 환생의 윤회(samsara)에서 용서받아 벗어나는 길은 없다. 벗어나는 길은 오직 개인적 존재가 소멸되어 비인격적인 신적 실재(Brahman)로 흡수되는 것을 포함하는 열반(Nirvana)이라는 최종적 해방으로만 가능하다.

물론 유대교는 구약에서 약속한 대로 죄를 회개하는 자는 용서받을 수 있다고 계속 가르친다. 그러나 예수님이 메시아라는 것과 죄를 담당하는 그분의 죽음이 하나님이 죄를 사해 주실 수 있는 유일한 근거라는 것은 부인한다. 성실하고 솔직한 유대인 학자인 몬티피오리(C. G. Montefiore)는 죄인들에 대한 예수님의 새로운 태도에서 '위대함과 독창성'을 보았다. 그분은 그들을 피하는 대신 적극적으로 찾으셨다. 랍비들은 하나님이 그분에게 돌아오는 죄인들을 받으신다고 말했다. 그러나 그들을 찾고 구원하기 위해 주도권을 쥐시는 하나님의 사랑에 대해서는 말하지 않았다. "이처럼 죄인을 직접 찾아 나서고 그에게 호소하는 모습은 매우 새롭고 감동적이며, 대단히 중요하고 의미심장한 특징이다. 잃어버린 양을 찾아 나서서 그것을 찾고 그로 인해 기뻐하는 선한 목자는 전혀 새로운 인물상이다."[45]

이슬람에서는 분명 하나님의 자비를 선포한다. 코란의 114개 장('수라')은 모두 "자비로우시고 자애로우신 하나님의 이름으로"라는 말로 시작된다. 그러나 하나님의 자비가 역사적으로 대가를 지불한 사례는 없다. 그리고 더 조사해 보면, 알라는 공적이 있는 사람들, 기도하는 사람들, 구제금을 내는 사람들, 라마단 때 금식하는 사람들에게만 자비롭다는 것을 발견하게 된다. 심판을 받아 마땅한 죄인들을 위한 메시지는 없다. 그들이 마땅히 받아야 할 심판을 받을 것이라는 메시지뿐이다. "더구나 우리가 무슬림들에게 예수님 안에서 찾아보라고 요청하는 것 자체가 그들의 자존심을 크게 건드리는 요인이 된다. 우리는 달리 어떻게 할 수가 없기 때문에, 그들에게 구원자를 찾도록 제안한다. 하지만 무슬림은 자신에게 그런 것은 전혀 필요 없다고 단언한다."[46]

기독교와 세계 종교들의 주된 차이점이자 그들이 기독교 안에서 발견하는 가장 큰 걸림돌이 십자가라는 것에는 의문의 여지가 없다. 십자가는 모든 교만을 낮추고 자기 구원의 소망을 꺾어 버린다. 십자가는 또한 그런 식으로 구원을 제공하는 하나님의 사랑의 헤아릴 수 없는 관대함을 말한다. 바로 이 점에서 일본의 기독교 지도자인 도요히코 가가와(Toyohiko Kagawa)는 기독교의 유일성을 발견했다.

> 나는 신도와 불교와 유교에 대해 감사한다. 나는 그 종교들에게 많은 빚을 졌다.…그러나 이 세 종교들은 내 마음의 가장 깊은 필요들을 만족시키는 데 완전히 실패했다. 나는 반환점이 없는 길고 긴 길을 따라 여행하는 순례자였다. 나는 지쳐 있었다. 발병이 나 있었다. 비극이 두껍게 깔린 어둡고 음침한 세상을 방황하고 있었다.…불교는 대자대비를 가르친다.…그러나 태고 이래 그 누가 "이는 많은 사람들의 죄를 사해 주기 위해 뿌리는 나의 언약의 피다"라고 단언한 사람이 있었던가?[47]

예수님은 우리의 것이다

예수 그리스도의 완전한 호칭은 '주와 구주'가 아니라 '우리 주와 구주'이다. 우리는 이 인칭 소유격 형용사를 빠뜨려서는 안 된다. 이것은 짧은 단어지만 매우 중요하다. 이것은 그분의 호칭 안에 감추어진 세 번째 주장이 있음을 암시한다. 즉 예수님은 우리의 것이라는 것이다.

이미 구약에서 '나의'라는 소유 형용사는 통상적으로 하나님의 언약 백성이 그분과 누리는 인격적 관계를 표현해 왔다. 특히 시편의 경우처럼 기도 가운데 그분을 부를 때 그랬다. 예를 들어, 시편 기자는 "나의 반석이시요 나의 구속자이신 여호와여" "여호와는 나의 목자시니" "여호와는 나의 빛이요 나의 구원이시니… 내 생명의 능력이시니" "오직 그만이 나의 반석이시요 나의 구원이시요 나의 요새이시니" "하나님이여 주는 나의 하나님이시라. 내가 간절히 주를 찾되"라고 쓴다.[48]

신약에서는 이에 비견할 만한 예수 그리스도와의 인격적 관계를 주장한다. 바울과 베드로는 둘 다 우리에게 주목할 만한 모범을 보여 준다. 바울의 말을 보자. "또한 모든 것을 해로 여김은 내 주 그리스도 예수를 아는 지식이 가장 고상하기 때문이라."[49] 베드로는 이런 친밀한 관계를 자신뿐 아니라 그의 독자들에 대해서도 주장한다. "예수를 너희가 보지 못하였으나 사랑하는도다. 이제도 보지 못하나 믿고 말할 수 없는 영광스러운 즐거움으로 기뻐하니."[50]

이것은 그리스도께서 우리와 동시대인이라는 주장이다. 우리가 사는 세상에 태어나 1세기 팔레스타인에서 살다가 죽으셨으며 죽은 자 가운데서 살아나신 예수님은 지금 영원히 살아 계시며 그분의 백성들이 의지하고 가까이 갈 수 있는 분이다. 예수 그리스도께서는 다른 종교 지도자들처럼 역사와 역사책들 속에 처박히실 수 없다. 그분은 죽어 사라지거나, 효력이 다하거나, 화석화되지 않으신다. 그분은 살아서 활동하고 계신다. 우리를 부르셔서 자신을 따르게 하시며 우리에게 자신을 주시되 우리 안에 거

1 예수 그리스도의 유일성　55

하시며 우리를 변화시키는 구원자로서 자신을 우리에게 주신다.

신약은 종종 우리가 그분의 영이신 성령을 통해 그분을 가까이할 수 있다고 설명한다.[51] 바울은 "그[즉 아버지]의 성령으로 말미암아 너희 속사람을 능력으로 강건하게 하시오며 믿음으로 말미암아 그리스도께서 너희 마음에 계시게 하시옵고"라고 기도하면서 이것을 암시한다.[52] 그리스도인의 신앙은 본질적으로 삼위일체적이다. 우리는 성자를 통해 그리고 성령에 의해 성부께로 가며,[53] 성부께서는 성령에 의해 성자를 통해 우리에게 오신다.[54]

이 또한 유일하다. 다른 종교에는 이에 비할 만한 게 없다. 불교도들은 붓다를 안다고 주장하지 않으며, 유교도들은 공자를, 이슬람교도들은 무함마드를, 마르크스주의자들은 카를 마르크스를 안다고 주장하지 않는다. 각각은 자신의 종교나 이데올로기의 설립자를 과거의 스승으로 존경할 뿐이다. 그리스도인들에게도 예수님은 선생이시지만, 그 이상으로 그분은 우리의 살아 계신 주님이시며 구원자시다. 이런 주장을 하는 문구는 "신약의 각 면마다 되풀이되며, 기독교 신앙의 가장 핵심은 이런 친밀하고 개인적인 신뢰, 헌신과 교제의 관계라는 것을 분명히 한다."[55]

코건(Coggan) 대주교는 바울이 좋아하는 관용구인 "그리스도 안에서"라는 말이 164회 나온다는 것을 언급하면서 이 점에 주의를 기울였다.

그것은 이상한 문구다. 우리는 일상생활에서 이에 비할 용례를 거의 찾을 수 없다. 이를테면 만일 처칠과 오랜 기간을 같이 보내고 그다음에 그의 전기를 쓰기 위해 10년을 바친 친한 친구가 그 위대한 사람에 대해 말한다면, 그는 그와 자신의 관계를 폭넓고 다양한 방식으로 요약할 수 있을 것이다. 그는 자신이 그를 경외했다고 말할 수도 있고, 흠모했다거나 존경했다거나 심지어 사랑했다고까지 말할 수 있을 것이다. 그러나 결코 "나는 처칠 안에 있는 사람이다"라고 말하지는 않을 것이다. 그런 문구가 떠오르지도 않을 것이다. 하지만 바울은 다른 무엇보다도 "그리스도 안에 있는 사람"이었다.[56]

이처럼 '나의'라는 단수 소유격이 암시하는, 신자와 그리스도의 인격적이고 개인적인 관계를 강조하는 것은 옳지만, 그분의 완전한 칭호는 복수 소유격인 '우리의'라는 말을 포함하고 있다. 하나님은 자신을 위해 한 **백성**을 부르고 계시고, 그분의 백성이 연합하는 초점은 예수 그리스도이기 때문이다. 그분은 우리가 예배하러 모일 때 오셔서 우리 가운데 계신다. 그분은 심지어 두세 명이라도 그분의 이름으로 함께 모일 때 "나도 그들 중에 있느니라"고 말씀하신다.[57] 그리고 그분은 우리가 모든 족속을 제자로 삼기 위해 나갈 때 우리에게 그 약속을 반복하신다. "내가 세상 끝날까지 너희와 항상 함께 있으리라."[58]

그렇다면 예수 그리스도의 유일성의 세 가지 주요 측면은 다음과 같다. 그분은 주님이시다. 그분은 구원자시다. 그분은 우리의 것이다. 왜냐하면 그분은 '우리 주와 구주이신 예수 그리스도'이기 때문이다. 역사적으로 이것은 그분의 탄생과 죽음과 부활을 암시한다. 신학적으로 이것은 성육신, 속죄, 그리고 부활하신 주님께서 선물로 주신 성령을 말한다.

참으로 역사상의 인물인 나사렛 예수 외에 다른 어느 누구도 하나님이 인간이 되시고, 이 땅에서 사시고, 우리의 죄를 위하여 죽으시고, 죽음을 정복하시고, 하늘로 높이 들리심을 받으시고, 성령을 보내신 적이 없기 때문에, 다른 구원자는 없다. 다른 어느 누구도 이런 자격들을 갖춘 사람은 없기 때문이며, 이런 자격들에 기초해서 오직 그분만이 구원할 능력이 있으시다.

그러므로 모든 눈송이가 각각 독특하고 풀잎 하나하나가 독특한 것처럼 인간 개개인이 독특하고 유일하다는 의미에서, 예수님은 유일하신 분이라고 선언하는 것으로는 충분하지 않다. 또한 우리는 신약에 나오는 '오직 하나'(one and only, 예를 들면 요 1:14의 '독생자'-옮긴이)라는 표현에 대한 폴 니터 교수의 주장을 따를 수도 없다. 그는 그것이 "남편이 자기 아내에게 쓰는 말, 곧 '당신은 세상에서 가장 아름다운 여인이요…당신은 내게 유일한 여인'이라는 말과 아주 비슷하다"고 말한다.[59] 그것은 문자적인 진리가 아니라 시적이며 과장된 표현이라는 주장이다. 후에 니터 교수는 그것이 '행동의 언어'로, 그것의 일차적인 목적은 어떤 교리를 규정하거나 다른 사람들을 배제하려는 것이 아니라 그리스도를 위하여 "그의 비전과 그의 방식에 대한 전적인 헌신"으로 행동을 촉구하는 것이라고 주장한다.[60]

그러나 그렇지 않다. 언어의 다양한 용례에 호소하는 것은 기발하기는 하지만 분명 특별 변론(special pleading, 이중 잣대를 적용하여 이기적 해석을 탄원하는 논리적 오류 – 옮긴이)이다. '오직 하나' 본문들을 그 문맥 속에서 주의 깊게 조사해 보면 그것들이 단지 에누리해서 들어야 하는 신앙과 사랑의 시적 표현이 아니라는 것이 드러난다. 오히려 그것들은 우리의 구원에 영원한 결과를 낳는 진리에 대한 엄숙한 확증이다. 더구나 그것들은 모두 명시적으로 혹은 암시적으로라도 긍정적인 진술(그분 홀로만)로부터 부정적인 결론('다른 것은 없다')을 이끌어 낸다. 따라서 오직 그리스도만이 아버지를 알기 때문에 그분만 아버지를 알릴 수 있으며,[61] 그분만 "길이요 진리요 생명"이기 때문에 아무도 그분을 통하지 않고는 아버지께로 갈 수가 없다.[62] 마찬가지로 하나님이 죽은 자 가운데서 살리신 예수 그리스도의 이름만 구원할 능력이 있기 때문에 구원할 수 있는 다른 이름은 없다.[63] 또한 마찬가지로 (심지어 그리스 로마 세계의 철저한 혼합주의 속에서도) "그러나 우리에게는 한 하나님 곧 아버지가 계시니…또한 한 주 예수 그리스도께서 계시[다]."[64] 죄를 위하여 한 영원한 제사(자신을 드리는)를 드리신 한 대제사장이 계시다.[65] 그리고 그분이 모든 사람을 위한 대속물로 죽으신 결과 '한 분 하나님'과 "하나님과 사람 사이에 중보자도 한 분…곧 사람이신 그리스도 예수"가 계시다.[66]

오직 한 길, 오직 한 이름, 오직 한 하나님, 오직 한 주님, 오직 한 중보자가 있을 뿐이다. 이 주장은 배타적이며 이것이 함축하는 바는 피할 수 없다. 진정으로 유일한 것은 보편적 중요성을 띠며 보편적으로 알려져야 한다. 비서트 후프트의 말을 다시 빌리면 "유일한 사건이 없다면 보편성은 없다."[67] 따라서 유일성과 보편성은 한데 결합되어 있다. 모든 무릎이 그분 앞에 꿇려야 하는 것은, 하나님이 예수님을 높이 들어올리셨으며 그분을 모든 이름 위에 뛰어나게 하사 '주'라는 유일한 칭호를 주셨기 때문이다. 예수 그리스도만이 유일한 구원자시기 때문에 우리는 어디서나 예수 그리스도를 선포할 것을 요구받는다. 선교의 '포괄성'은 바로 중보자의 '배타성'에 기인한다. 열방에 대한 우주적 권세가 그분에게 주어졌다. 그렇기 때문에 그분은 우리에게 가서 모든 족속을 제자로 삼으라고 명하신다.[68]

두 가지 질문

기독교와 다른 종교들 사이에는 전혀 연속성이 없고, 그래서 모든 진리는 기독교에 있으며 다른 종교들에는 아무런 진리가 없는가? 그렇지 않다. 그리스도인들은 분명 성경에 증거되어 있는 대로 하나님이 예수 그리스도 안에서 유일하고 최종적인 방식으로 자신을 계시하셨다고 믿는다. 그 결과 현세에서 하나님은 이미 계시하신 것 외에 그 어느 것도 더 계시하실 것이 없다(물론 우리는 배워야 할 것이 훨씬 더 많지만). 그러나 우리가, 교회 밖에서는 하나님이 활동하지 않으시며 진리도 부재한다고 주장하는 것은 아니다. 결코 그렇지 않다. 하나님은 자신이 지으신 모든 피조물을 보존하고 계시며 그렇기 때문에 "우리 각 사람에게서 멀리 계시지 아니하신다." 창조에 의해 그들은 그분 안에서 "살며 기동하며 존재하는" 그분의 "소생"이다.[69] 또한 예수 그리스도는 하나님의 말씀(*logos*)이며 사람들의 빛으로서[70] 세상에서 끊임없이 활동하고 계신다. 그분은 "참빛 곧 세상에 와서 각 사람에게 비추는 빛"[71]이라고 묘사되기 때문에, 모든 아름다움과 진리와 선은 그것이 인간들 가운데 어디에서 발견되든, 사람들이 알든 모르든 모두 그분에게서 유래된다. 이것은 소위 하나님의 '일반 은총'의 한 측면, 모든 인류에게 보여 주시는 그분의 사랑이다. 그러나 이것은 자비를 베풀어 달라고 겸손히 부르짖는 사람에게 그분이 베푸시는 '구원의 은총'은 아니다.

다른 종교에 속한 사람들과 예수님에 대해 한 번도 들어 본 적 없는 사람들에게는 구원의 소망이 전혀 없는가? 매우 날카로운 이 질문에 대한 우리의 대답은 확신과 불가지론의 결합, 우리가 아는 것(성경이 분명하게 가르치고 있기 때문에)과 모르는 것(성경에 분명하게 나와 있지 않거나 그것에 대해 침묵하고 있기 때문에)의 결합일 수밖에 없다.

우리가 성경으로부터 아는 것은 인간이 스스로를 구원할 가능성이 전혀 없다는 것이다. 왜냐하면 모든 인간은 하나님의 일반 계시를 통해 하나님과 선에 대해 약간의 지식을 갖고 있으나 그 지식에 따라 살지는 못해 왔기 때문이다. 그렇기 때문에 모든 사람이 하나님 앞에 죄를 지었으며 '멸망하는' 상태에 있다(하나님이 간섭하시지 않는다면). 이것이 로마서 1-3장의 논증이다. 어떤 사람도 자신의 종교나 정직함, 자선 활동으로 구원에 이를 수 없다. 그리스도인이라고 주장하는 사람들도 그럴 수 없으며 다른 어떤 사람도 그럴 수 없다. 때로 다르게 주장하는 사람도 있지만 백부장 고넬료도 이 원칙에서 예외가 아니었다. 그의 이야기는 유대인뿐 아니라 이방인에게도 구원이 이를 수 있다는 것, 그리고 대등한 조건에서 그렇게 된다는 것을 가르쳐 준다. 고넬료의 이야기는 그가 자신의 의로움이나 경건함 혹은 자비로움 때문에 구원을 이루었다고 가르치지 않는다. 반대로 그는 구원과 생명, 죄 씻음과 성령을 받기 위해 복음을 듣고 그에 반응해야 했다.[72] 따라서 우리가 스스로를 구원하는 것은 불가능하다. 우리는 또한 예수 그리스도께서 유일한 구원자시라는 것(우리가 살펴본 것처럼 오직 그분만 필요한 자격을 갖추셨기 때문에), 그리고 구원은 하나님의 은혜로만, 그리스도의 십자가라는 근거에 의해서만, 그리고 믿음으로만 얻게 되는 것임을 안다.

그러나 우리가 알지 못하는 것은, 바로 사람들이 하나님께 자비를 부르짖고 구원을 받기 위해 복음에 대한 지식과 이해가 정확히 얼마만큼 필요한가 하는 것이다. 구약의 사람들은 그리스도에 대해 거의 알지 못했지만 분명 믿음을 통해 은혜에 의해서 의롭다 함을 받았다. 오늘날에도 이와 다소 비슷한 입장에 있는 사람들이 있을 것이다. 그들은 자신이 하나님 앞에서 죄책이 있는 죄인이라는 것과 그분의 은총을 입기 위해 아무것도 할 수 없다는 것을 알고 절망에 빠진 채, 그들이 희미하게 인식하는 하나님을 부르며 구원해 달라고 간구한다. 만일 오늘날 많은 복음주의 그리스도인들이 조심스레 믿는 것처럼 하나님이 그러한 사람들을 구원해 주신다면, 그들의 구원 역시 오직 은혜에 의해, 오직 그리스도를 통해서만, 오직 믿음으로만 이루어질 것이다.

그밖에 우리가 아는 것은 하나님의 구속받은 백성의 최종적 수효가 실제로 셀 수 없이 많을 것이며,[73] 그것은 아브라함에게 하신 하나님의 약속, 곧 그의 자손(육신의 자손뿐만 아니라 영적 자손들도)이 "하늘의 별과 같고 바닷가의 모래와 같게"[74] 될 것이라는 약속의 최종적인 성취라는 것이다. 같은 맥락에서 우리는 바울의 말처럼 잃어버려지는 자들보다 구원받는 자들이 훨씬 더 많을 것이라고 확신할 수 있다. 구원을 가져오는 그리스도의 사역은 멸망을 가져오는 아담의 사역보다 더 성공적일 것이기 때문이며, 생명을 가져오는 하나님의 은혜는 사망을 가져오는 아담의 범죄보다 '더욱' 넘칠 것이기 때문이다.[75]

우리가 이렇게 기대할 만한 견고한 성경적 근거를 갖고 있지만 하나님이 그것을 어떻게 이루실지는 모른다. 하지만 이것에 대해 우리가 모른다고 해도, 우리의 책임은 명확하다. 우리는 복음을 전파하고 제자를 삼으라고 위임을 받았다. 사람들이 믿지 않는 이를 부르거나, 들어 본 적 없는 이를 믿거나, 아무도 그들에게 전파하지 않는데 듣기는 어렵다.[76] 사람들이 십자가에서 돌아가신 그리스도의 복음을 일단 듣고 나면 믿는 것은 훨씬 쉽다. 그들이 '하나님이 죄인인 내게 자비를 베푸셨도다!'라고 부르짖는 것은 죄인을 향한 하나님의 자비가 나타난 십자가에 관해 알았을 때다. 바울이 말했듯이 "믿음은 들음에서 나며 들음은 그리스도의 말씀으로 말미암는다."[77]

그러므로 그리스도의 유일성을 부인하는 것은 선교의 맥을 끊고 선교를 불필요한 것으로 만드는 것이다. 다른 한편, 그분의 유일성을 단언하는 것은 그분을 전 세계적으로 알려야 할 긴박성을 인정하는 것이다.

|||||||||||||||||||||||||||||||| **팀 체스터의 성찰 질문** ||||||||||||||||||||||||||||||||

1. 다른 종교를 만난 경험이 있는가? 이것은 믿지 않는 당신 친구들의 태도를 어떻게 형성했는가? 당신의 태도를 어떻게 형성했는가?
2. 우리는 다른 종교들의 가르침에서 배울 수 있는가?
3. "그리스도가 하나님께 이르는 유일한 길이라고 주장하는 것은 터무니없고 오만하다"고 말하는 친구에게 어떻게 대답할 것인가?
4. 기독교를 다른 모든 종교와 다르게 만드는 것은 무엇인가?
5. 우리는 다른 종교를 믿는 사람들을 어떻게 전도해야 하는가?
6. 존 스토트가 '다원주의'를 단호하게 거부한다는 사실에도 불구하고, 그는 무엇이 다원주의를 매력적인 것으로 만드는지 밝혀서 다원주의의 주장에 더 깊이 맞설 수 있었다. 이러한 접근을 당신이 거부하는 다른 입장에 적용해 보라. 왜 그 입장의 지지자들은 그것을 매력적이라고 생각하는가? 이것은 당신이 그들과 맞설 때 좀더 효과적이 되도록 어떻게 도와주겠는가?

2

우리 하나님은 선교하는 하나님이시다

오늘날 세계에서 '선교'라는 개념은 사람들에게 눈총을 받고 있으며, 선교에 대한 적대감이 커지고 있다. 복음 전도, 선교적 열심, 사람들을 회심시키려는 시도들은 모두 '관용의 정신과 상충되는 것' '개인의 자유를 엄청나게 침해하는 것' '가장 혐오스러운 형태의 오만'으로 여겨지며 거부되고 있다. 심지어 교회 안에서도 일부 사람들은 교회의 선교에 무관심한 반면, 다른 사람들은 그것에 적극적으로 저항한다.

사람들은 '어떻게 하나의 종교가 진리를 독점할 수 있단 말인가?' 하고 묻는다. '하나님께 이르는 여러 다른 방법들이 있지 않은가?' '우리가 무슨 권리로 다른 사람들의 사생활을 침범하거나 우리의 견해를 강요할 수 있단 말인가? 우리 일이나 신경 쓰고, 다른 사람들은 그들의 일에 신경 쓰기를 바라자.'

이런 부정적인 반응에는 기독교 선교에 대한 세 가지 반대가 절반쯤 감추어져 있다. 즉 선교가 비관용, 오만, 폭력의 잘못을 범한다는 것이다. 우리는 이런 비판들에 어떻게 반응해야 할까?

비관용?

관용(tolerance)은 아마도 오늘날 서구에서 가장 높이 평가받는 미덕일 것이다. 하지만 사람들이 그 말을 사용해서 의미하려는 바를 항상 규정하는 것은 아니다. 세 가지 서로 다른 종류의 관용이 있다. 첫째는 법적 관용이라고 부를 수 있는 것이다. 그것은 모든 소수 종교의 권리들(보통 종교를 '고백하고, 실천하고, 선전하는' 자유로 요약되는)이 적절한 법적 보호를 받도록 보장한다. 그리스도인들은 이를 요구하는 자들의 선봉에 서야 한다. 또 다른 종류의 관용은 사회적 관용이다. 이는 어떤 견해를 보유하고 있든지 모든 사람을 존중하도록 격려한다. 또한 그들의 입장을 이해하고 인식하려고 애쓰며, 선한 우호 관계를 증진시킨다. 이것 역시 그리스도인이 개발하기를 바라는 미덕이다. 이런 관용은 모든 인간이 하나님의 피조물이며 그분의 형상을 지니고 있다는 우리의 인식에서 자연스럽게 나온다. 하나님은 우리가 사이좋게 함께 살기 원하신다. 그렇지만 셋째 종류의 관용인 지적 관용은 어떨까? 어떤 견해에 대해서 거부할지 여부를 탐색하지도 않고 아무리 그릇되거나 악할지라도 모든 의견을 다 수용하도록 넓은 마음을 배양하는 것은 미덕이 아니다. 사실상 그것은 마음이 나약하고 도덕에 상관하지 않는 악덕이다. 그것은 결국 진리와 오류, 선과 악을 원칙 없이 혼합하는 것이 되고 만다. 진리와 선이 그리스도 안에서 계시되었다고 믿는 그리스도인이라면 이런 관용에 동의할 수 없다. 우리는 진리와 선의 화신인 그리스도를 증거하기로 결심했다. 바로 이런 확신 때문에 윌리엄 템플 대주교는 "나는 기독교가 아주 비관용적인 종교라고 확신합니다"라고 말했다.[1]

오만?

만일 선교가 잘못된 의미에서 비관용적인 게 아니라면, 그것은 오만한 것일까? 먼저 일부 그리스도인의 태도와 복음 전도 방법이 '교만하고' '생색을 내는' 것이라고 묘사해도 마땅하다는 점에는 동의해야 한다고 생각한다. 우리는 이러한 실패들을 회개해야 한다. 복음주의자들은 하나님 나라의 성장과 명성보다 자신의 개인적 왕국 확장이나 자기 조직의 명성을 얻으려고 열망하는 제국주의자가 되어서는 결코 안 된다. 십자군적 정신, 의기양양한 마음가짐과 허세 부리는 태도는 모두 그리스도의 대사들에게는 부적절하다. 겸손은 탁월한 기독교적 미덕이며, 우리의 생각과 말과 행동을 특징 짓는 것이어야 한다.

일부 서구 선교사들은 그리스도를 문화와 혼동하는 실수를 저질렀다. 그래서 그들은 "불필요하게 선교지 문화를 침식하고 그 대신에 이국의 문화를 강요하는 문화적 제국주의의 죄"[2]를 짓게 되었다. "윌로우뱅크 보고서: 복음과 문화"(*The Willowbank Report: Gospel and Culture*)는 그것을 다음과 같이 말한다.

우리는 결코 다른 문화를 비난하거나 멸시해서는 안 되며, 그것을 존중해야 한다는 것을 안다. 우리는 우리의 문화를 다른 사람들에게 강요하는 오만이나, 복음과 복음에 상충되는 문화적 요소들을 혼합시키는 혼합주의가 아니라, 겸손하게 복음을 나누는 것—상호 존중함으로 진정한 우정을 가능하게 하는—을 주창한다.³

개인적 자만과 문화적 오만을 회개할 필요가 있다면, 선교라는 개념 자체가 본질적으로 오만한 것일까? 케네스 크래그(Kenneth Cragg) 주교는 그 반대라고 주장한다.

> 선교를 종교적 이기주의라고 묘사하는 것은 일부 불충실한 선교와 관련해서 일말의 타당성이 있을 것이다. 그러나 정말로 가증한 이기주의는 궁극적으로 선교를 중단하는 일이다. 왜냐하면 선교란 소수에게 속하기에는 너무나 크고, 일부 사람들이 가로채기에는 너무나 포괄적인 소유권을 주장하는 것이기 때문이다.…적어도 그리스도를 믿는다는 것은 그분을 우주적인 그리스도로 인정하는 것이다. 그분은 모든 사람들에게 필수적인 분이기 때문에 아무에게도 부수적 존재가 되지 않는다. 기독교 선교는 단지 하나님의 사랑의 모든 차원을 적극적으로 인정하는 것이다.⁴

폭력?

기독교 선교에 대한 셋째 반대는 그것이 사람들에 대한 폭력적 공격이라는 것이다. 그들은 복음 전도가 달갑지 않게 사적 영역에 침입하는 등 공격적이고 침략적이라고 본다. 다시 한번 우리는 이것이 때로는 사실임을 인정해야 한다. 대위임령은 우리가 다른 사람의 개인 공간을 침해하거나 그들이 스스로 보호하기 위해 세워 놓은 장벽을 무너뜨리는 것을 정당화해 주지 않는다. 개인적으로 말해서, 나는 우리가 복음을 전할 때 사용하는 어휘에서 모든 폭력적 비유를 제거해 버리기를 바란다. '십자군'이라는 말은 성지를 얻으려 한 중세의 군사 원정을 너무나 연상시키며, '캠페인'이라는 말은 군사 작전을, 그리고 심지어 '임무'(missions)라는 말은 전쟁 시의 폭격을 연상시키는가 하면, 어떤 집단을 '표적으로 한다'고 말하는 것은 평화의 복음보다는 폭탄과 총알을 더 연상시킨다. 우리가 선포하는 그리스도의 "겸손과 온유"를 우리 자신이 보여 주지 않는다면, 어떻게 우리가 복음을 진정성 있게 전할 수 있을까?[5]

사람들이 '개종 혹은 전향'(proselytism)에 대해 비난하는 듯이 말할 때, 일반적으로 그들은 모종의 강제적 회심을 생각하는 듯하다. 이것은 참된 복음 전도와 분명하게 구별되어야 한다. '전향'이라는 말은 '부적격 증인'과 같은 말이라는 데 많은 교회가 동의하고 있다.[6] 전향하는 증인의 '부적격성'이란 다음과 같은 것을 언급하는 것일 수 있다.

• 우리의 동기들 – 그리스도의 영광 대신 우리 자신의 영광에 대한 관심.

- 우리의 방법들 – 성령의 능력을 의지하는 대신 심리적 부담을 가하는 기술이나 회심의 조건으로 혜택을 제시하는 등의 방법을 의지.
- 우리의 메시지 – 예수 그리스도의 진리와 완전함에 초점을 맞추는 대신 다른 것들의 거짓과 실패를 단정하는 데 초점을 맞춤.

어떤 종류의 '부적격 증인'에도 의지할 필요가 전혀 없다. 진리는 결국 승리할 것이기 때문이다. 바울이 말했듯이 "우리는 진리를 거슬러 아무것도 할 수 없고 오직 진리를 위할 뿐이니."[7] 부당한 압박을 사용하는 사람들은 그럼으로써 자신의 주장이 허약함을 인정하는 것이다.

그렇다면 진정한 기독교 선교는 참된 관용, 진실한 겸손, 그리스도를 닮은 온유함과 전적으로 부합한다. 그것은 또한 역사적 기독교에 필수적이다. 선교 없는 기독교는 더 이상 기독교가 아니다. 이는 부분적으로는, 우리가 지난 장에서 살펴보았듯이 기독교가 그리스도의 최종성(그분에게는 후계자가 없다)과 그리스도의 유일성(그분에게는 맞수가 없다) 둘 다를 주장하기 때문이다. 그분의 유일성은 그분에게 보편적 중요성을 부여한다. 그분은 전 세계에 알려지셔야만 한다.

그러나 그보다도, 기독교 선교는 하나님의 본질에 그 뿌리가 있다. 성경은 성부와 성자와 성령을 선교적 백성을 만들어 내시고 선교의 완성을 위해 일하시는 선교적 하나님으로 계시한다. 이 장이 만일 선교에 대한 설교라면, 설교 본문은 성경 전체라고 말해야 할 것이다! 기독교 선교에 대한 적절한 성경적 토대를 놓으려 한다면, 본문을 그보다 짧게 정하기는 불가능할 것이다.

그러므로 나는 성경을 다섯 가지 주요 부분으로 나누어 짧은 개관을 제시하고자 한다. 우리는 다음과 같은 것을 살펴보겠다.

- 구약 및 세상의 창조주이시며 이스라엘의 언약의 하나님이신 성부 하나님.
- 복음서 및 죄인들의 구원자이신 우리 주 예수 그리스도.
- 사도행전 및 사도들 안에서 그리고 그들을 통해서 일하시는 성령.
- 서신서 및 거기 묘사된 바 세상에 살면서 책임 있게 증거하고 있는 교회들.
- 요한계시록 및 하나님의 구속받은 백성이 모든 나라에서 모여드는 역사의 절정.

연속되는 각 단계가 선교적으로 신선한 내용을 드러낸다.

구약의 하나님은 선교하는 하나님이시다

구약이 선교에 관한 책이라는 개념, 그리고 거기에 나오는 하나님이 선교의 하나님이시라는 개념은 많은 사람을 놀라게 한다. 사람들은 언제나 구약의 하나님을 오로지 이스라엘의 하나님이라고 생각해 왔기 때문이다. 그들은 다음과 같은 것을 기억한다.

- 그분이 어떻게 아브라함을 부르시고 그와 그의 자손들과 언약을 맺으셨는지.
- 그분이 어떻게 이삭과 야곱과 맺은, 그리고 이집트의 종살이에서 구해 내 시내산으로 데려가시고 그곳에서 자신이 그들의 하나님이 되고 그들을 자신의 백성으로 삼겠다고 약속하신 열두 지파와 맺은 언약을 갱신하셨는지.
- 그분이 어떻게 그들을 약속의 땅에 정착시키고 앞으로 오실 메시아를 예비하게 하면서 그들에게 왕들, 제사장들, 선지자들을 보내어 복 주셨는지.

이 모든 것은 사실이다. 그러나 그것은 오직 진리의 일부일 뿐이다. 구약은 이렇게 시작한다.

- 아브라함이 아니라 아담으로부터.
- 언약이 아니라 창조로부터.
- 선택받은 백성이 아니라 인류로부터.

성경은 이스라엘의 하나님이 모압의 신 그모스나 암몬의 신 밀곰 같은 시시한 부족 신이 아니라 하늘과 땅의 창조주, 열방의 주님, "모든 육체의 생명의 하나님"[8]이라고 힘주어 선포한다. 이것이 구약 전체에 나타난 관점이다.

    아브라함을 부르신 것은 이런 세계관과 모순되지 않았으며, 오히려 그것을 확증해 주었다. 야훼께서는 아브라함에게 그의 나라와 민족과 집안을 떠나 자신이 보여 줄 다른 땅으로 가라고 말씀하셨다. 그런 다음, 하나님은 그에게 이렇게 말씀하신다.

> 내가 너로 큰 민족을 이루고
> 네게 복을 주어
> 네 이름을 창대하게 하리니
> 너는 복이 될지라.
> 너를 축복하는 자에게는 내가 복을 내리고
> 너를 저주하는 자에게는 내가 저주하리니
> 땅의 모든 족속이
> 너로 말미암아 복을 얻을 것이라.[9]

아브라함은 자기 백성을 떠나 다른 백성을 이루어야 했다. 하나님은 그에게 복을 주실 뿐 아니라 그를 복이 되게 하시겠다고 약속하셨으며, 그에게 가족을 주실 뿐 아니라, 그 가족을 통해 "땅의 모든 족속"에게 복을 주시겠다고 약속하셨다.

창세기 12장 1-4절은 성경 전체를 가장 잘 통합시켜 주는 구절이라고 해도 과언이 아니다. 아브라함의 씨인 그리스도를 통해 전 세계에 복을 주시겠다는 하나님의 구원 목적이 그 안에 요약되어 있기 때문이다. 성경의 나머지 부분은 이 본문을 펼쳐 나가는 것이며 그 이후에 일어나는 역사는 그것의 성취였다. 하나님은 먼저 이스라엘에게 그리스도의 오심을 준비시키셨으며, 그다음에는 그리스도의 오심을 통해 그 이후로 계속 하나님이 세상에 복을 주셨기 때문이다. 이 본문이 없었다면 우리 자신은 오늘날 예수님의 제자가 되지 못했을 것이다. 우리는 약 4천 년 전에 하나님이 아브라함과 맺으신 언약의 수혜자들이다. 바울은 "너희가 그리스도의 것이면 곧 아브라함의 자손이요 약속대로 유업을 이을 자니라"라고 썼다.[10] 또한 만일 우리가 그와 같은 믿음을 공유한다면 "아브라함은 우리 모든 사람의 조상"이다.[11] 하나님의 약속은 복음의 약속, 곧 그분이 "이방을 믿음으로 말미암아 의로 정하실"[12] 것을 예고하신 것이었다.

구약의 비극은 하나님의 약속의 범위가 전 세계적이라는 것을 이스라엘이 계속 잊어버렸다는 것이다. 그들은 하나님이 모든 가족에게 복을 주시려고 한 가족을 택했다는 사실을 간과했다. 그들은 자신과 자신의 역사에만 몰두했다. 그들은 심지어 하나님의 선택이라는 진리를 하나님의 편애라는 오류로 왜곡시켜 버렸다. 그 결과 자신들의 특권적인 지위를 자랑하고 자신들은 하나님의 심판에서 면제될 것이라고 생각하기에 이르렀다.

그래서 선지자들은 계속해서 그들의 시야를 넓히고 그들에게 아브라함의 후손을 통한 하나님의 목적은 열방에게 복을 주시기 위한 것이라는 사실을 상기시켜 주어야 했다. 예를 들어, 하나님은 **열방**을 메시아의 '유업'과 '소유'로 만드실 것이다.[13] **열방**이 다 그를 섬길 것이다.[14] 그분은 이방의 빛이 될 것이다.[15] 그리고 그날에 만방이 여호와의 전의 산에 모여들 것이다.[16]

복음서의 그리스도는 선교하는 그리스도시다

용맹스러운 아프리카 개척 선교사였던 데이비드 리빙스턴(David Livingstone)은 1850년 그의 여동생 아그네스(Agnes)에게 이런 내용의 편지를 써 보냈다.

> 다른 사람들이 이 땅의 정부를 위해 봉사하는 것을 영예로 여기는 한, 왕의 왕으로부터 받은 위임령을 수행하는 것을 결코 무슨 희생으로 여겨서는 안 된다.…나는 철두철미하게 선교사다. 하나님에게 독생자가 계셨는데 그분은 선교사이며 의사셨다. 나는 그분을 아주아주 어설프게나마 본받는 자다.…나는 이런 섬김 속에서 살기를 희망한다. 그리고 그 속에서 죽기 원한다.[17]

몇 년 후 미국의 '학생 자원 운동'(Student Volunteer Movement)의 순회 총무였던 로버트 스피어(Robert Speer)는 그의 일지에 다음과 같이 썼다. "예수 그리스도를 따르기 원한다면, 땅 끝까지 그분을 따라야 한다. 그곳이 바로 그분이 가고 계신 곳이기 때문이다.…우리는 하나님을 선교의 하나님으로 생각하지 않고서는 그분을 생각할 수가 없다."

마태복음에는 두 번에 걸쳐 예수님이 그분의 선교를 '이스라엘의 잃어버린 양'에게로 국한시킨 것이 묘사되어 있는 것이 사실이다. 그분은 열두 제자에게 이방이나 사마리아 지역을 복음화하지 말고 '차라리' 이스라엘의 잃어버린 양들에게 가라고 말씀하셨다.[18] 그리고 후에는 귀신 들린 딸을 고쳐 달라고 호소하는 한 가나안 여인에게 자신은 "이스라엘 집의 잃어버린 양 외에는 다른 데로 보내심을 받지 아니하였"노라고 말씀하셨다.[19] 이 말은 혼란스럽고 심지어 충격적으로까지 들린다. 우리는 이 말이 예수님이 지상에서 사역하신 동안에만 적용되는, 일시적인 한정이었음을 기억해야 한다. 그분은 자신의 죽으심과 부활하심, 성령을 선물로 주심을 통해 모든 민족에게 구원을 제시할 것이라고 덧붙이셨다. 그리고 예수님은 그렇기 때문에 후에 제자들에게 이 복음을 가지고 모든 족속에게 가라고 명하셨다.

네 복음서 가운데 가장 유대적인 마태복음까지도 이런 전 세계적 시야를 분명히 보여 준다. 마태복음은 아브라함에게까지 거슬러 올라가는 예수님의 족보로 시작되는데, 이는 그 약속이 마침내 성취되어야 함을 나타내는 것이 분명하다.[20] 그다음에 마태복음은 예수님이 탄생하신 후, 정체불명의 동방 박사들이 "유대인의 왕"에게 드릴 보배들을 가지고 방문한 것을 묘사하고 있다. 마태는 그들을, 후에 예수님께 충성을 맹세할 이방인 무리의 선구자들로 본다.[21] 마태는 또한 "동서로부터 많은 사람이 이르러 아브라함과 이삭과 야곱과 함께 천국에 앉으려니와"[22]라는 놀라운 예언을 기록했다. 그리고 마태복음은 이른바 '대위임령'에 대한 가장 완전한 언급으로 끝난다. 예수님의 공생애 기간에 열두 제자의 선교는 "이스라엘의 잃어버린 양"에게 국한되었을지 모르지만 교회의 선교에는 이런 제한이 없다. 예수님을 따르는 자들은 "가서 모든 민족을 제자로 삼아" 세례를 줌으로 그들을 기독교

공동체에 받아들이고 주님의 모든 교훈에 순종하도록 가르쳐야 한다.²³

모든 민족에 대한 이 위임령은 결코 폐기되지 않았다. 이것은 여전히 하나님의 백성들에게 구속력이 있다. 이것은 '하늘과 땅의 모든 권세'가 자신에게 주어졌다고 주장하실 수 있었던 부활하신 주님이 공포하신 것이다. 그분이 주장한 "모든 권세"와 그분의 제자들에게 가서 제자를 삼으라고 한 "모든 민족" 간에는 분명한 연관이 있다. 교회의 우주적 선교는 예수님의 우주적 권세에서 나온다.

사도행전의 성령은 선교하는 영이시다

영향력 있는 선교사 롤런드 앨런(Roland Allen)은 이렇게 쓴다. "사도행전이라는 책은 엄밀히 말하면 선교의 책이다.…그 책의 명명백백한 결론은 성령이…사실 선교의 영이시라는 것이다."²⁴ 또한 그것은 "이 책의 근본적인, 의심의 여지가 없는 위대한 가르침이다.…이처럼 성령을 선교의 영으로 계시한 점에서 사도행전과 비길 만한 책은 신약에 없다"고 말한다.²⁵

롤런드 앨런의 말은 옳다. 성령님은 사도행전의 주인공이시다. 사도행전은 120명의 제자들이 기다리는 장면으로 시작한다. 예수님은 죽으시기 전에, 성령이 오실 것이라고 약속하셨으며, 깨닫게 하시고 가르치며 증거하는 성령의 사역에 대해 묘사하셨다. 예수님의 부활과 승천 사이의 40일 동안, 예수님은 제자들에게

증거할 '능력'을 주실 성령님을 기다리라고 말씀하셨다.[26]

그러므로 오순절은 선교적 사건이었다. 그것은 하나님이 종족, 성별, 연령, 사회적 지위에 상관없이 "모든 육체에"[27] 자신의 영을 부어 주시겠다고 요엘을 통해서 약속하신 것을 성취한 사건이었다. 그리고 제자들이 말한 외국어들(적어도 오순절에 나타났던 '방언들'은 분명 외국어였던 것으로 보인다)은 성령이 확립하러 오신 메시아 왕국의 국제적 성격을 극적으로 상징했다.

사도행전 나머지 부분은 그런 첫 부분의 묘사를 논리적으로 전개해 나간다. 우리는 선교의 성령이 선교의 백성을 만들어 내고 그들을 선교 과업을 위해 내보내는 모습에 매혹된다. 그들은 유대교 본거지인 예루살렘과 그 주변의 동료 유대인들에게 증거하기 시작했다. 이어서 빌립이 담대하게 주도권을 쥐고 유대인과 이방인의 중간 상태에 있는 사마리아인들에게 증거했다.[28] 그다음에 이방인으로서 '하나님을 경외하는 자' 중 한 명인 백부장 고넬료의 회심이 나온다. 그는 유대인들의 유일신론과 윤리적 기준은 받아들였지만 여전히 이방인으로서 완전히 회심하지는 않은 채 회당 주변에 있었다. 성령은 고넬료가 이제 교회의 정회원이 되었다는 증거를 가능한 한 가장 분명히 보여 주셨다.[29] 그리고 바로 이어서 몇몇 이름을 알 수 없는 신자들이 과감히 "헬라인에게도 말하여 주 예수를 전파"하기 시작했다.[30] 그 뒤에 바울이 이방인들에게 찾아간 세 번의 선교 여행이 나온다. 그 여행에서 바울은 갈라디아, 아시아, 마케도니아, 아가야 지방을 복음화하는데, 성령은 그를 억제하기도 하시고 인도하기도 하신다.[31] 사도행전은 바울이 세계의 수도이자 그가 꿈에 그리던 도시 로마에 머무는 것으로 끝난다. 바울은 자유인이 아니라 죄수로 로마에 있었지만 여전히 지칠 줄 모르는 복음 전도자로서 자신을 방문하는 모든 사람들에게 예수님과 하나님 나라를 담대히 전하였으나 '금하는 사람이 없었다.'[32]

사도행전 전체에서 누가는 선교의 추진력이 성령에게서 나왔음을 명백하게 밝힌다. 해리 보어(Harry R. Boer)는 사도행전이 "지배적이고, 압도적이며, 모든 것을 통제하는 하나의 주제를 가지고 있다. 그 주제는 성령의 능력으로 행해지는 선교적 증거를 통해 믿음이 확장된다는 것이다.…성령은 끊임없이 교회들이 증거를 하도록 몰아가시며, 그 증거를 통해 계속해서 교회들이 생겨난다"고 쓴다.[33] 보어는 또한 이런 복음 전도의 힘이 사도행전 1장 이후에는 사실상 다시 언급되지 않는 대위임령에서 온 것이 아니라, 성령에게서 온 것이라는 점을 지적한다. 그는 이렇게 쓴다. "우리는 순종해야 할 명령으로서 대위임령에 대해 설교하는 것을 중단하고, 교회의 본질을 표현하고 교회 생활을 지배하는 하나의 법칙으로서 대위임령을 제시해야 한다.…성령의 부어 주심은, 바로 그것의(그분의?) 본질상, 교회의 삶으로 대위임령을 수행하게 하려는 것이다."[34]

서신서들의 교회는 선교하는 교회다

지역 교회의 교인들은 (상상 속에서건 아니면 실제로건) 종종 서로 얼굴을 마주보고 둥그렇게 앉아 있는 것으로 묘사된다. 이런 묘사는 전적으로 잘못된 것은 아니다. 우리는 서로에게 속해 있으며 서로의 도움이 필요하기 때문이다. 신약성경은 종종 우리에게 서로 사랑하고 격려하며 위로하고 권고하며 서로의 짐을 지라고 촉구한다. 그리고 이런 기독교 교제의 '서로 됨'(one anotherness)은 우리가 서로 얼굴을 마주하고 있어야 누리고 발전할 수 있다. 그러나 '원형으로 앉는 것'은 타당하지만 위험하기도 하다. 우리가 서로를 향하여 안쪽으로 몸을 돌릴 때마다 세상에 등을 지게 되기 때문이다. 서로의 교제를 즐기기 위해서 우리는 세상으로부터 우리 자신을 분리한 것이다. 그것이 일시적이라면 괜찮다. 우리가 예배와 교제를 위해 세상으로부터 따로 떨어져 나오는 것은 그리스도의 증인과 종으로 살기 위한 힘을 얻고 다시 세상으로 돌아가기 위해서다.

신약에 나오는 스물한 개의 서신서는, 그것이 개인에게 보낸 것일 경우에도, 다양한 방법으로 교회를 세워서 교회가 성숙하고 확장되는 가운데 성장하게 하려는 것이다. 서신서들이 교회 내부의 문제인 교리, 예배, 사역, 연합, 거룩함 등에 대해 말하는 것은 사실이다. 하지만 서신서들은 또한 처음부터 끝까지 교회가 세상 안에서 살고 세상을 향해 긍휼의 손을 내밀 책임이 있다고 상정한다.

바울은 교회들이 후원과 헌금 그리고 무엇보다도 기도로 자신의 사도로서의 사역에 동참할 것이라고 생각한다. 그는 빌립보인들이 "복음을 위한 일에 참여"하는 것을 하나님께 감사한다.[35]

또한 데살로니가 사람들에게 자신을 통해 "주의 말씀이…퍼져 나가 영광스럽게 되"기를 기도해 달라고 부탁한다.[36] 골로새 사람들에게는 하나님이 "전도할 문을 우리에게 열어 주"시도록 기도해 달라고,[37] 에베소 사람들에게는 자신이 명료하고 담대하게 복음을 전하도록 기도해 달라고 부탁한다.[38]

사도들은 또한 교회들이 자체적으로 신앙을 전파하는 일에 관여할 것이라고 생각한다. 바울은 교회를 "진리의 기둥과 터"[39]라고 부르는데, 이는 진리를 높이 떠받치고(기둥들이 건물을 높이 세우는 것처럼) 그것을 확고하게 붙잡는다는(구조물의 토대처럼) 의미다. 베드로는 교회를 "택하신 족속이요 왕 같은 제사장들이요 거룩한 나라요 그의 소유가 된 백성"이라고 부르며, 그것은 그들을 "어두운 데서 불러 내"신 구세주의 "아름다운 덕을 선포하게" 혹은 "승리를 선포하게"(NEB) 하기 위한 것이라고 한다.[40]

그리고 각각의 지역 교회는 전체 교회의 선교적 특성을 나타내야 한다. "구부러지고 뒤틀린 세대" 가운데 살았던 빌립보인들은 마치 상인이 상품을 진열하듯이, 또는 웨이터가 연회에서 요리들을 차려 놓듯이 복음을 펼쳐 보여서 "세상에서…별과 같이 빛[나고]" "생명의 말씀을 굳게 잡으[라]"는 명령을 받았다.[41] 데살로니가 사람들은 주의 말씀을 '받았을' 뿐만 아니라 그 소문이 이웃 지역에 퍼지게 했다고 묘사되어 있다.[42]

개별 교인들 역시 기독교의 증거 사역에 관여해야 한다. 사도들은 그들을 지켜보고 있는 '외인들'을 의식하라고 촉구한다. "외인에게 대해서는 지혜로 행하여 세월을 아끼라. 너희 말을 항상 은혜 가운데서 소금으로 맛을 냄과 같이 하라. 그리하면 각 사람에게 마땅히 대답할 것을 알리라."[43] 이것은 매우 실제적인 교훈이다. 우리는 외인들과 관계를 맺는 방식에서 매우 분별력이 있어야 하며, 증거할 수 있는 모든 기회를 포착해야 하고, 우리의 대화에서 은혜와 소금(아마도 건전함 또는 기지)을 결합시켜야 하고, 우리에게 주어진 어떤 질문에도 대답할 준비가 되어 있어야 한다. 이 마지막 부분은 베드로의 유사한 명령을 떠오르게 한다. "너희 속에 있는 소망에 관한 이유를 묻는 자에게는 대답할 것을 항상 준비하되."[44]

이처럼 서신서들의 교회는 선교하는 교회다. 교회라고 할 때 우리가 생각하는 것이 보편 교회이든 지역 교회이든 혹은 교인 개개인이든 마찬가지다. 선교는 교회 정체성의 본질적인 부분이다. 레슬리 뉴비긴 주교의 단도직입적인 말을 빌리면 "모든 족속으로 제자를 삼으라는 위임령은 교회가 받은 명령 중 가장 중심부에 있다. 그리고 그것을 잊어버리거나 무시하는 교회는 '보편적'(catholic)이라거나 '사도적'이라는 호칭을 붙일 권리를 빼앗긴다."[45]

요한계시록의 절정은 선교의 절정이다

요한이 "하늘에 열린 문"[46]을 들여다보도록 허락받았을 때, 그는 거대한 무리가 하나님의 보좌 앞에 서 있는 것을 보았다. 그들은 흰 옷(의의 상징)을 입고 종려 가지(승리의 상징)를 들고 있었으며,

그들의 구원이 하나님과 어린양으로 말미암았음을 생각하며 위대한 예배의 합창에 참여했다. 요한은 이 거대한 무리가 "각 나라와 족속과 백성과 방언에서" 왔다고 묘사한다.[47] 교회의 선교는 열매가 없지 않을 것이다. 오히려 반대로 다인종·다국적 군중의 거대한 모임이라는 결과를 낳을 것이다. 그리고 그들의 서로 다른 언어와 문화는 하나님의 은혜를 끊임없이 경축하는 것을 더욱 풍성하게 할 것이다.

구속받은 무리 역시 수없이 많을 것이다. 그렇게 되어야만 예전에 아브라함에게 하신 하나님의 약속이 완전히 성취될 것이다. 아브라함의 자손—육체의 자손(유대인)과 영적 자손(유대인이든 이방인이든 믿는 자들) 모두—이 무한히 많을 것임을 강조하기 위해, 하나님은 그들이 땅의 티끌,[48] 하늘의 뭇별,[49] 바닷가의 모래[50]와 같이 많을 것이라고 약속하셨다. 각각의 비유는 수없이 많음을 상징한다. "내가 네 자손으로 땅의 티끌 같게 하리니 사람이 땅의 티끌을 능히 셀 수 있을진대 네 자손도 세리라."[51] "하늘을 우러러 뭇별을 셀 수 있나 보라."[52] 우리는 하나님이 어떻게 이런 목적을 성취하실 것인지 계속 모르는 채로 만족해야 하지만, 그러면서도 교회의 선교적 노력이 그처럼 하나님을 영화롭게 하는 영광스러운 절정에 이르리라는 것에 기뻐할 수 있다.

성경을 재빨리 개관하면서 우리는 다음과 같은 것을 보았다.

- 구약의 하나님은 선교하는 하나님이시다. 그분은 이 땅의 모

든 가족에게 복을 주시기 위해 한 가족을 부르셨기 때문이다.
- 복음서의 그리스도는 선교하는 그리스도시다. 그분은 교회에게 가서 모든 족속으로 제자를 삼으라고 명하셨기 때문이다.
- 사도행전의 성령은 선교하는 영이시다. 그분은 교회가 증거하도록 몰아가시기 때문이다.
- 서신서들의 교회는 선교하는 교회다. 그것은 세계적인 소명을 갖고 있는 세계적인 공동체이기 때문이다.
- 요한계시록의 절정은 선교의 절정이다. 그것은 무수한 국제적 군중을 포함하기 때문이다.

그러므로 성경의 종교는 선교하는 종교다. 그 증거는 압도적이며 논박할 수 없다. 선교는 종교적 관용에서 벗어난 유감스러운 일탈이나 일부 유별난 광신도의 취미로 여겨질 수 없다. 오히려 그것은 하나님의 마음에서 일어나, 그 심정이 우리의 마음으로 전달되는 것이다. 선교는 전 지구적 하나님의 전 지구적 백성의 전 지구적 섬김이다.

그렇기 때문에, 우리가 다음과 같은 태도를 취했다면 회개해야 한다.

- 교회 생활의 선교적 차원에 반대했다면.
- 선교를 불필요한 것인 양 무시했다면.
- 몇 번의 피상적 기도와 인색한 동전 몇 닢으로 선교를 지지하는 척만 해 왔다면.

・우리 자신의 편협한, 지역주의적 관심사에만 몰두해 왔다면.

우리는 하나님을 믿는다고 고백하는가? 그분은 선교의 하나님이시다. 우리는 그리스도께 헌신하고 있다고 말하는가? 그분은 선교의 그리스도시다. 우리는 성령으로 충만하다고 주장하는가? 그분은 선교의 영이시다. 우리는 교회에 속한 것을 기뻐하는가? 교회는 선교하는 집단이다. 우리는 죽어서 하늘나라에 가기를 바라는가? 그곳은 선교적 노력의 열매들로 가득 차 있다. 이것들을 피할 수는 없다.

우리 중 일부는 회개할 필요가 있으며, 우리 모두는 행동을 취할 필요가 있다. 진정한 성경적 기독교는 안전하고 흡족하며 안락하고 이기적이며 도피적인 시시한 종교가 아니다. 그와 반대로 그것은 우리를 감싼 안전망을 크게 뒤흔든다. 폭발적인 원심력으로 우리를 편협한 자기중심성에서 끌어내어 증거하고 섬기도록 하나님의 세상 속에 던져 넣는다. 그러므로 우리는 개인적으로 그리고 우리의 지역 교회를 통해서 이런 헌신을 표현하는 실제적인 방법을 찾아야 한다.

1885년 구세군의 창시자 윌리엄 부스(William Booth) 사령관은 "그의 눈을 반짝이면서, 런던 구세군의 대중 집회에서 다음과 같이 도전했다. '지구의 둘레는 얼마나 됩니까?' 빽빽이 늘어선 열 가운데서 낭랑한 큰 목소리가 울려 퍼졌다. '4만 킬로미터입니다.' 그러자 부스는 외쳤다. '그렇다면 우리는 반드시, 우리의 팔이 그것을 감싸 안을 수 있을 때까지 자라야 합니다.'"[53]

팀 체스터의 성찰 질문

1. 믿지 않는 당신 친구들은 기독교 선교에 대해 어떤 태도를 갖고 있는가?
2. 선교가 비관용적이거나 오만하거나 폭력적이라는 비난에 어떻게 반응하겠는가?
3. 전도와 전향의 차이는 무엇인가? 존 스토트가 "부적격 증인"이라고 부르는 것의 예를 생각할 수 있는가?
4. 하나님을 "선교하는 하나님"이라고 부른다는 것은 무슨 의미인가? 세계 선교에서 성부, 성자, 성령의 역할을 묘사해 보라.
5. 존 스토트는 "진정한 성경의 기독교는 안전하고 흡족하며 안락하고 이기적이며 도피적인 시시한 종교가 아니다. 그와 반대로 그것은 우리를 감싼 안전망을 크게 뒤흔든다. 폭발적인 원심력으로 우리를 편협한 자기중심성에서 끌어내어 증거하고 섬기도록 하나님의 세상 속에 던져 넣는다"고 말한다. 당신이 회개해야 할 태도가 있는가?
6. 개인적으로 그리고 당신의 교회에서 세계 선교에 대한 이런 헌신을 표현하는 실제적인 방식은 무엇이겠는가?

3
총체적 선교

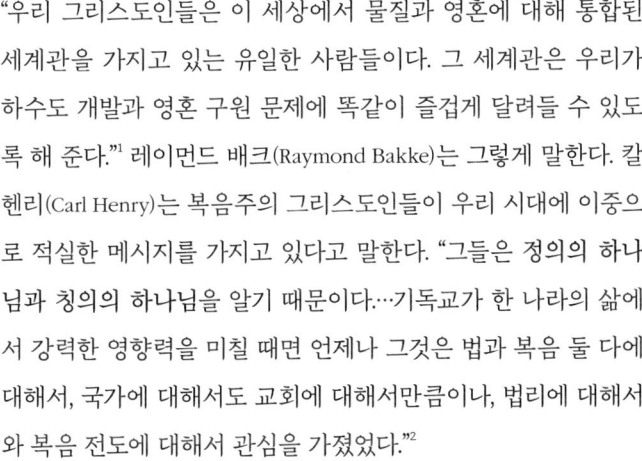

"우리 그리스도인들은 이 세상에서 물질과 영혼에 대해 통합된 세계관을 가지고 있는 유일한 사람들이다. 그 세계관은 우리가 하수도 개발과 영혼 구원 문제에 똑같이 즐겁게 달려들 수 있도록 해 준다."[1] 레이먼드 배크(Raymond Bakke)는 그렇게 말한다. 칼 헨리(Carl Henry)는 복음주의 그리스도인들이 우리 시대에 이중으로 적실한 메시지를 가지고 있다고 말한다. "그들은 정의의 하나님과 칭의의 하나님을 알기 때문이다.…기독교가 한 나라의 삶에서 강력한 영향력을 미칠 때면 언제나 그것은 법과 복음 둘 다에 대해서, 국가에 대해서도 교회에 대해서만큼이나, 법리에 대해서와 복음 전도에 대해서 관심을 가졌었다."[2]

'총체적 선교'[holistic mission, 전체가 각 부분의 합보다 더 크다는 철학적 개념인 '전체론'(holism)에서 나온 말]는, 아마 전적으로 만족스러운 것은 아니더라도, 진정한 선교란 복음 전도와 사회 활동을 모두 포함하는 포괄적인 행위라는 개념을 포착하고 이 둘을 분리시키는 것을 거부하기 위해 만들어진 말이다.

하지만 그런 '둘 다' 진술은 복음 전도와 사회적 책임 간의 관계는 규정하지 못한다. 최근 몇십 년간 이 두 책임이 어떻게 연관되는가에 대하여 상당한 의견 불일치가 있어 왔다. 그 긴장 관계는 다음과 같이 다양한 방식으로 진술되어 왔다.

- "교회 안에서 그리고 교회를 통해 하시는 하나님의 활동과, 세상에서 하나님이 하시는, 외견상 기독교 공동체와는 무관한 듯한 모든 활동 간의" 긴장.[3]
- "복음을 본질적으로 개개인의 삶에서 하나님이 행하시는 구원과 관련시키는 수직적 해석과, 주로 세상에서 맺는 인간관계와 관련된 것으로 보는 수평적 해석 간의" 긴장.[4]
- 죄인들의 칭의를 추구하는 하나님과, 국가들 안에서 정의를 추구하는 하나님 간의 긴장.
- 구속과 섭리 간의 긴장.
- 영혼의 구원과 사회의 개선 간의 긴장.

때로 이런 관점들 간의 차이는 보통 복음주의와 자유주의로 나뉘어 무익한 양극화로 치달았고, 각각은 상대방의 입장에 과민하게 반응했다. 복음주의는 주린 자에게 빵을 주는 것이든 억압받는 자에게 자유를 실현하는 것이든, 사회적 필요는 등한시한 채 전적으로 복음 전도에만 초점을 맞추는 경향이 있었다. 자유주의는 반대 극단으로 치달아, 복음 전도를 무시하거나 공동체들의 인간화나 짓밟힌 자들의 해방과 같은 사회·정치적 용어로 복음을 재해석하려고 시도하는 경향이 있었다. 다시 말해 복음주의의 고정관념은 복음을 영적으로 해석하고 그것의 사회적 의미를 부인하는 것인 반면, 에큐메니칼 운동의 고정 관념은 복음을 정치화함으로써 그것이 죄인들에게 구원을 제시한다는 사실을 부인하는 것이었다. 이런 양극화는 재앙이 되어 왔다.

복음 전도와 사회적 책임의 관계

1974년 로잔 언약에서, 광범위한 복음주의자들은 "복음 전도와 사회·정치적 활동은 둘 다 우리 그리스도인의 의무의 일부다"라고 단언하면서, "희생적 섬김이라는 교회의 선교에서 복음 전도가 우선이다"라고 덧붙였다.[5] 복음 전도와 사회적 책임 간의 관계에 대한 1982년 협의회는 이 우선성을 두 가지 방법으로 설명했다. 첫째, 복음 전도는 모종의 논리적 우선성을 갖는다. "그리스도인의 사회 참여라는 바로 그 사실은 사회적으로 책임 있는 그리스도인을 전제로 하며 그들이 그런 그리스도인이 되는 것은 복음 전도와 제자 훈련으로만 가능하다." 둘째,

> 복음 전도는 사람들의 영원한 운명과 관련되어 있다. 그리고 그들에게 구원의 좋은 소식을 전함으로써 그리스도인들은 다른 어떤 사람들도 할 수 없는 일을 하고 있다. 우리가…육체를 치유하는 것과 영혼을 구원하는 것…사이에서 선택해야 하는 경우는 거의 없

다.…그럼에도 만일 우리가 그 둘 중에 선택해야 한다면, 우리는 모든 인류에게 최고로 또 궁극적으로 필요한 것은 예수 그리스도의 구원의 은혜이며 그러므로 인간의 영원하고 영적인 구원이 일시적이고 물질적인 복지보다 더 중요하다고 말해야만 한다.[6]

1989년에 마닐라 선언도 이와 유사한 진술을 했다. "복음 전도가 우선적이다. 우리의 주된 관심사는 복음, 곧 모든 사람이 예수 그리스도를 그들의 주와 구원자로 받아들일 기회를 갖도록 하는 것이기 때문이다."[7]

그러나 복음 전도의 우선성을 재단언한다고 해서 문제가 해결되지는 않는다. 복음 전도와 사회적 책임의 관계는 여전히 규정되지 않았기 때문이다.

1982년 복음 전도와 사회적 책임 간의 관계에 대한 협의회가 소집된 것은 이런 관계들을 규명해 보기 위해서였다. 그 협의회의 최종 보고서는 복음 전도와 사회적 책임 간의 세 가지 연관성을 밝혔다. 첫째, "사회 활동은 복음 전도의 결과다." 왜냐하면 복음 전도는 사람들에게 믿음을 갖게 하고, 믿음은 사랑을 통해 역사하며, 사랑은 섬김을 낳기 때문이다.[8] 실로 "사회적 책임은 복음 전도의 결과 이상이다. 그것은 복음 전도의 주된 목표 중 하나"로, 우리는 "선한 일을 위하여" 구원을 받았기 때문이다.[9] 둘째, "사회적 활동은 복음 전도에 이르는 교량 역할을 할 수 있다." 행동하는 사랑은 '거짓 그리스도인'(rice christian, 오로지 물질적 유익 때문에 회심했다고 주장하는 이들)을 만들 위험성이 있긴 하지만, 여전히 "편견과 의심을 깨뜨리고 닫힌 문들을 열며 복음을 말할 기회를 줄 수 있는 것"이 사실이다. 셋째, "사회 활동은 복음 전도의 결과와 목표로서 전도의 뒤를 따르고 또한 전도의 교량으로서 복음 전도에 선행할 뿐 아니라, 동반자로서 전도에 수반된다. 그것들은 가위의 양날 혹은 새의 두 날개와 같다." 이는 예수님의 공적 사역에서도 나타난다. "동반자 관계는 사실상 결혼 관계다."[10]

이 동반자 관계는 그리스도인 개인들에게와 지역 교회에게 모두 적용된다. 물론 그리스도인은 각기 다른 특별한 은사와 부르심을 받아서 자신의 전문적인 사역에 집중할 수 있다. 열두 사도가 목회 사역에, 일곱 집사가 사회적 사역에 부름받은 것과 마찬가지다.[11] 또한 물론 그리스도인은 특화된 반응을 요구하는 긴급한 상황에 처하기도 한다. 우리는 선한 사마리아인이 여행자의 상처를 돌보아 주면서 그의 영적 상태를 물어보지 않은 것이나 빌립이 에티오피아인과 복음을 나눈 뒤 그의 사회적 필요에 대해 알아보지 않은 것을 비난하지 않는다. 그럼에도 불구하고, 그런 경우들은 특별한 부르심과 상황들이다. 일반적으로 말해서 예수 그리스도의 모든 제자는 자신에게 주어지는 기회에 따라, 증거하고 또한 섬길 책임이 있다.

각 지역 교회의 경우에도 마찬가지다. 각 교회가 속한 지역사회의 필요는 많고 다양할 것이나, 모든 사람이 모든 것을 다 할 수는 없다. 따라서 교회의 규모가 어떻든 교인들은 자신의 은사와 부르심, 관심사에 따라 '연구 및 활동 그룹'을 만들어서 각각 이웃의 복음 전도적·목회적·사회적 필요를 위해 일해야 한다. 교회는 이런 전문가 집단을 인정해 주고, 필요한 대로 격려와 조언, 기도와 재정을 제공하며, 그들이 활동 상황을 보고할 기회를 주어야 한다. 이런 식의 그룹들을 '보유하고' 있다면, 교회는 이들을 통해 지역사회에 긍휼로 다가가며 수많은 다양한 필요를 위해 봉사할 수 있을 것이다.

지금까지 우리는 복음 전도와 사회적 책임의 관계에 대해 생각해 보았다. 우리가 가지고 있는 둘째 문제는 그 둘의 동반자 관계를 표현하는 데 사용해야 하는 어휘에 관한 것이다. 제1차 '전국 복음주의 영국 성공회 회의' 보고서에 따르면, "복음 전도와 긍휼의 섬김은 하나님의 선교에서 한데 결합되어 있다."[12] 나는 후에 이것을 다음과 같은 글로 더 자세히 설명하려 했다. "'선교'는 교회가 세상에서 행하도록 보냄 받은 모든 것…을 묘사한다." 즉 "세상에서의 그리스도인의 섬김은 복음 전도와 사회 활동 둘 다를 포함한다."[13]

일부 복음주의 지도자는 '선교'에 대한 이 정의를 비판해 왔다. 그들은 이 정의가 잠재적으로 해롭다고 생각한다. 이 정의가 선교사들을 복음 전도와 제자 훈련과 교회 개척이라는 우선적 임무들에서 빗나가게 할 것이라는 이유에서다. 그렇기 때문에 그들은 '선교'와 '선교사'를 복음 전도 활동에 국한해 언급하는 전통적 견해를 그대로 유지하고자 한다(모든 그리스도인이 사회적·정치적 책임도 가지고 있다는 것을 그들이 종종 인정하면서도 그렇다). 분명히 말하건대, 나는 교회의 선교를 방해하는 죄를 지을 생각이 추호도 없다! '선교'라는 말 자체는 '삼위일체'나 '성례'라는 말과 마찬가지로 성경에 나온 단어가 아니라는 것 역시 사실이다. 그러나 그것은 그리스도께서 그분의 백성을 세상에 보내셔서 행하도록 하신 모든 일이라는 성경적 개념을 축약해 주는 간단하고 유용한 단어다. 그리고 이것은, 복음 전도가 교회에서 우선성을 갖긴 하지만, 복음 선포에만 국한될 수 없다. 이 문제는 단순히 의미론적 문제('선교'라는 말이 무엇을 의미하는가?)가 아니라 내용의 문제(왜 우리는 세상에 보내졌는가?)다. '선교'라는 단어가 내가 말한 모든 것을 다 포괄하지 못한다는 것을 인정한다 해도, 우리가 증거와 섬김 둘 다를 위해 세상에 보내졌다는 주장에는 아무런 변화가 없을 것이다. 또한 우리의 선교는 그리스도의 선교를 모델로 해야 한다. 우리를 향한 예수님의 사랑이 그분을 향한 아버지의 사랑과 같은 것처럼[14] 그분이 우리를 세상에 보내시는 것은 아버지께서 그분을 세상에 보내신 것과 같다.[15] 그분의 사역에서 말씀과 행동이 한데 결합되어 있었다면 우리의 사역에서도 그래야 한다.

나를 비판하는 사람들이 주로 두려워하는 것은 선교사들이 곁길로 빠지지 않을까 하는 것인 듯하다. 내 생각에 그것을 피하는 최선의 방법은 '선교'가 복음 전도보다 더 광범위하다는 것을 부인하는 것이 아니라, 각 '선교사'가 자신의 특정한 부르심에 충실해야 한다고 주장하는 것이다. 나는 이미, 지역 교회에서 교인들 개개인은 서로 다른 초점들을 가지고 있을 수 있지만, 교회가 다양한 사역들을 포함하지 않는다면 교회 자체가 균형을 잃고 한쪽으로 치우칠 것이라고 밝힌 바 있다. 마찬가지로 어떤 선교사들은 우선적인 복음 전도와 제자 훈련과 교회 개척과 성경 번역 사역을 위해 부름받고, 또 어떤 선교사들은 전문적인 의료와 교육과 개발 사역으로 부름받지만, 전체 교회가(그리고 교회와 협력하는 선교 단체들이) 함께 그처럼 폭넓고 다양한 사역을 포함시키지 않는다면, 한쪽으로 치우치게 될 것이다. 실로 자국민과 해외 이주자, 복음 전도자와 사회사업가, 교회 개척 전문가와 개발 전문가, 목회자와 교사로 구성된 다국적이고 다기능적인 선교 팀들에 대해서는 정말 많은 연구가 필요하다.

동반자 관계에 대한 성경적 근거

복음주의 그리스도인은 성경적 그리스도인이 아니라면 아무것도 아니다. 우리의 바람은 성경 '아래' 또는 성경에 '따라' 사는 것이다. 그렇다면 복음 전도와 사회 활동을 한데 결합시켜 주는 충분한 성경적 근거가 있을까? 있다. 그것은 여러 가지로 진술되어 왔지만 나는 다음과 같은 세 가지 근본적인 논증에 집중하겠다.

첫째, 하나님의 성품이 있다.

성경에 계시된 하나님은 창조주이시며 또한 구원자로서, 자신이 만든 모든 인간의 영적이고 물질적인 복지에 관심을 가지시는 분이다. 그분은 자신의 형상으로 그들을 만드셨기에 그들이 그분 및 다른 사람들과의 관계에서 진정한 인간됨을 발견하기를 바라신다. 한편으로 하나님은 잃어버려진 상태에 있는 피조물들을 간절히 찾으신다. 그분은 악한 자들의 죽음을 기뻐하지 않으시며 어떤 사람도 멸망당하기를 원치 않으신다. 그래서 그분은 자신의 말씀을 듣고 회개하여 자신에게 돌아오며 죄 사함을 받으라고 간청하신다. 다른 한편 하나님은 가난하고 주린 자, 소외된 자, 과부와 고아를 돌보신다. 그분은 억압과 폭정을 비난하시고 정의를 요구하신다. 그분은 그분의 백성에게 발언권이 없는 자들의 대변자, 힘없는 자들의 변호자가 되라고 말씀하신다. 그러므로 하나님의 두 가지 큰 계명이 우리 전 존재를 다해서 하나님을 사랑하는 것과 우리 이웃을 우리의 몸같이 사랑하라는 것이라는 점은 우연도 놀라운 일도 아니다.

이 계명들을 성취하는 방법은 율법에 분명하게 나와 있다. 예를 들어 하나님의 백성은 그분을 '경외하고' '섬기고' '사랑해야' 했다. 어떻게? 부분적으로는 "그의 모든 도를 행하고" "여호와의 명령…[을] 지[킴]"으로써 그렇게 해야 한다. 그분은 "신 가운데 신이시며 주 가운데 주"로서 그로 인해 예배를 받으셔야 하는 분이기 때문이다. 그리고 부분적으로는 "고아와 과부를 위하여 정의를 행하시며 나그네를 사랑하여 그에게 떡과 옷을 주시[는]" 하나님의 본을 따름으로써 그렇게 해야 한다.[16] 이처럼 한편으로는 예배와 순종, 다른 한편으로는 자선과 정의가 하나님 백성의 이중 의무로서 한데 결합되어 있다.

그다음에 선지자들이 나오는데 그들은 계속해서 백성에게 율법을 상기시키고 그것을 순종하라고 촉구했다. "사람아, 주께서 선한 것이 무엇임을 네게 보이셨나니 여호와께서 네게 구하시는 것은 오직 정의를 행하며 인자를 사랑하며 겸손하게 네 하나님과 함께 행하는 것이 아니냐."[17] 다시 한번 이웃에 대한 정의와 자비가 하나님 앞에서의 겸손함과 결합되어 있다.

하나님의 율법에 대한 선지자의 이 같은 증거와 함께 그것을 비웃는 자들에 대한 담대한 비난도 나온다. 엘리야는 그중 두드러진 예였다. 그는 국가적 배교의 시대에 살고 있었으므로 그의 사역은 두 가지 주된 대결로 요약되었다. 첫째는 갈멜산에서 백성에게 야훼와 바알 중에 선택하라고 도전했던 것이고,[18] 그다음에는 이스르엘에서 아합왕이 나봇을 죽이고 그의 재산을 몰수한 것을 비난한 것이다.[19] 한 선지자가 종교적 충성과 사회정의 둘 다 옹호하는 활동을 보는 것은 놀라운 일이다.

그로부터 150년 후에 우리는 바벨론 유수 시대의 두 위대한 선지자, 예레미야와 에스겔을 만난다. 그들은 똑같은 저항의 전통을 계속 이어 가고 있다. 왜 예루살렘에 재앙이 닥쳤는가? 예레미야에 따르면 사람들이 "다른 신들"을 선호하여 야훼를 "버리고" "무죄한 자의 피"로 예루살렘을 가득 채웠기 때문이다.[20] 에스겔에 따르면 그 성은 "자기 가운데에 피를 흘려…우상을 만들어" 더럽혔기에 스스로에게 심판을 가져올 것이었다.[21] 두 경우 모두 이스라엘의 죄의 절정은 '우상'과 '피'의 결합—우상 숭배는 하나님에 대한 최악의 죄이고, 살인은 이웃에 대한 최악의 죄다—이었다.

율법과 선지자는 이처럼 하나님의 성품을 반영한다. 그분의 백성은 그분과 같이 되어 그분의 관심사를 나누고 또 반영해야 한다. 특히 하나님의 생각 속에는 이원론이란 없다.

우리는 영혼과 육체, 개인과 사회, 구속과 창조, 은혜와 본성, 하늘과 땅, 칭의와 정의, 믿음과 행위를 건전하지 않은 방식으로 서로 대립시키는 경향이 있다. 성경은 이것들을 분명히 구별하지만 그것들을 서로 관련시키며, 우리에게 이것들 사이에서 역동적이고 창조적인 긴장을 유지하라고 가르친다.[22]

복음 전도와 사회적 관심을 결합시키는 두 번째 근거는 **예수님의 사역과 가르침**이다.

그분의 공적 사역에서 말씀과 행위가 결합되었다는 것에는 의문의 여지가 있을 수 없다. 예수님이 설교자로서 하나님 나라가 임한 것을 선언한 것은 사실이다. 하지만 그분은 또한 자신의 긍휼과 능력의 행위로 하나님 나라가 도래한 것을 보여 주셨다. 그는 "모든 촌에 두루 다니시며 가르치"셨으며[23] "두루 다니시며 선한 일을 행하시고…고치셨"다.[24] 이 진술들의 유사점은 '그분이 두루 다니셨다'는 사실이다. 그분은 순회 사역을 하셨으며 팔레스타인 각 지방을 종횡무진 다니셨다. 차이점은 그분이 무엇을 위해 '다니셨는가'에 관한 것이다. 마가에 따르면 그것은 '가르침'을 위한 것이었고 누가에 따르면 '선한 일과 고침'을 위해서였다. 그분의 사역에서는 복음 전도와 긍휼의 섬김이 뗄 수 없게 결합되어 있었다. 그분은 행동 속에서 자신이 선포하고 있는 하나님의 사랑을 드러내 보이셨다. 척 콜슨은 이렇게 썼다. "그분은 사람들을 내세의 지옥에서 구해 주는 것뿐 아니라, 이생에서 처한 지옥과 같은 상태에서도 구해 주는 데 관심을 가지고 계셨다."[25]

그러므로 그분의 말씀은 그분의 행동을 설명해 주었고, 그분의 행동은 그분의 말씀을 극적으로 보여 주었다. 듣는 것과 보는 것, 청각과 시각이 결합되어 있었다. 각각은 서로를 뒷받침했다. 말은 사랑의 행동으로 구체화될 때까지는 추상적인 채로 남아 있으며, 행동은 복음의 선포로 해석될 때까지는 모호한 채로 남아 있기 때문이다. 행동이 없는 말은 신빙성이 없다. 말이 없는 행동은 명료하지 못하다. 따라서 예수님의 행동은 그분의 말씀을 가시화했으며, 그분의 말씀은 그분의 행동을 이해할 수 있게 만들었다.

예수님은 자신의 생애와 사역 가운데 보여 주신 것을 또한 자신의 가르침에 포함시키셨다. 가장 널리 알려지고 가장 사랑받는 두 개의 비유를 함께 고찰해 보자. 바로 탕자의 비유(회심을 강조하는)[26]와 선한 사마리아인 비유(사회적 활동을 강조하는)다.[27] 이 둘을 함께 붙들면 그것이 복음 전도와 사회적 활동 사이의 연결을 강화해 준다.

두 비유 모두 희생자 곧 절망적인 곤경에 처한 사람이 있다. 탕자의 비유에서 그 사람은 스스로 저지른 죄의 희생자다. 선한 사마리아인 비유에서는 다른 사람들이 저지른 죄의 희생자, 곧 죄의 대상이다. 더구나 첫 번째 비유에 묘사된 것은 개인의 죄이고, 두 번째 비유에 나오는 것은 사회적 죄, 즉 공적 무질서라는 악이다. 두 가지 모두에 대해 우리는 긍휼을 느껴야 한다. 우리는 죄를 짓는 것과 죄의 대상이 되는 것 둘 다에 관심을 가져야 한다.

둘째, 두 비유 모두 구제가 있다. 먼 나라에서 소외된 상태로부터 그리고 노상에서 폭력적 공격을 받은 상태로부터 구제된다. 첫 번째 비유에서는 죄인이 회개하고, 돌아와서, 용서를 받는다(그것은 믿음에 의한 구원이다). 두 번째 비유에서 희생자는 아무것도 할 수가 없다. 그는 사마리아인의 자비 덕분에 구제를 받는다(그것은 선행에 의한 구제다).

셋째, 두 비유 모두 사랑의 표현이 있다. 탕자의 비유에서 우리는 아버지가 집에 돌아온 아들을 환영하는 모습에서 하나님의 사랑을 본다. 선한 사마리아인의 비유에서 우리는 사마리아인이 그 희생자의 상처를 감싸 줄 때 이웃에 대한 사랑을 본다. 두 경우 모두 사랑이 편견을 이기고 승리한다. 탕자는 용서받을 자격이 없지만 용서받는다. 사마리아인은 강도 만난 희생자가 자신에게 도움을 청할 권리가 없는 낯선 유대인이었지만 그에 대해 동정심을 갖는다.

넷째, 두 비유 모두 부차적 줄거리가 있으며, 두 이야기에서 칭송받을 요소와 그와 정반대인 요소를 극적으로 보여 준다. 잃어버린 아들의 비유에서 형은 동생의 회개와 귀환을 즐거워하기를 거부한다. 사마리아인의 비유에서 제사장과 레위인은 얻어맞은 사람의 곤경에 관여하기를 거부한다. 우리는, 복음 전도를 하라는 부르심에 저항하여 사람들을 그들의 죄 가운데 홀로 남겨 두는 사람은 그 형을 닮았으며, 사회적 활동을 하라는 부르심에 저항하여 사람들을 그들의 고통 가운데 홀로 남겨 두는 사람은 '피하여 지나간' 제사장과 레위인을 닮았다고 말할 수도 있겠다.

이처럼 각 비유는 기독교 제자도의 필수적 측면을 강조한다. 기독교 제자도는 우리가 탕자처럼 구원받기 위해 집으로 돌아올 때 시작되며, 선한 사마리아인처럼 선교를 위해 나갈 때 그것이 지속된다는 것이다. 우리 각 사람은 탕자를 닮았으며, 우리 각 사람은 사마리아인을 닮아야 한다. 먼저 우리는 자신의 죄에 직면하고, 그다음 세상의 고난에 직면한다. 먼저 우리는 들어와서 자비를 받고, 그다음에는 나가서 자비를 보여 준다. 자비는 받아 보기 전에는 다른 사람들에게 보여 줄 수가 없다. 하지만 일단 받고 나면 반드시 그것을 다른 사람들에게 보여 주어야 한다. 그리스도께서 결합하신 것을 우리가 나누지 말자. 우리는 모두 탕자들이었다. 하나님은 우리 모두가 사마리아인도 되기를 원하신다.

나는 예수 그리스도의 본보기와 가르침에 그분의 감정을 덧붙여 언급하고자 한다. 예수님이 멸망하러 오신 '마지막 원수', 즉 사망을 마주하셨을 때, 요한복음 11장의 언어는 예수님이 악에 대해 분노하여 '씩씩거리셨으며' 또한 그 희생자들에 대한 동정으로 '우셨다'는 것을 나타낸다. 우리 자신이 악 ─ 인간의 잃어버려짐이라는 악이든 오늘날의 사회악이든 ─ 과 맞설 때마다 동일한 두 가지 감정이 우리의 동기를 자극해야 한다.

1890년에 윌리엄 부스 장군은 『영국의 암흑 시대와 해방』이라는 책을 발간했다. 부스는 빈곤과 실업, 집 없음, 굶주림, 노동 착취, 술 취함, 질병, 빈민가, 백인 노예, 매음 등이 야기한 비참함에 깊이 상심하면서 글을 썼다. 그는 "그 희생자들이 비참하게 고통당하며 묵묵히 지고 있는 이 극악무도한 광경을 보고 무기력한 분노의 피가 끓어올랐다"고 고백한다.[28] 물론 그는 그들이 회심하기를 열망했으며 자신이 항상 구원을 가장 우선으로 여긴다고 주장했다. 그러나 그는 "살아남기 위하여 앞뒤 가리지 않고 필사적인 투쟁에 온통 신경이 집중되어 있는 사람들에게 복음을 전파하는 것이 무슨 소용이 있는가?"라고 묻는다.[29] 그는 이렇게 덧붙인다. "일시적인 불행에 대한 구제책을 제공하면서 나는 내가 하는 일이, 지금은 우리 주 예수 그리스도의 십자가로 나아가는 길을 발견하기가 어려운 곳에서 그것을 쉽게 하고, 그것이 불가능하기만 한 곳에서 그것을 가능하도록 만들 뿐이라고 생각한다."[30] 이런 정책을 추구하면서 그의 책 제2부는 일련의 놀라운 제안들을 담고 있다. 집단 농장, 해외 집단, 이동 병원, '감옥 문 부대', 윤락 여성들을 위한 갱생원, '타락하지 않았지만 위험에 처한 소녀들을 위한 예방의 집', '실종자 수색 사무소', '거리의 아이들을 위한 피난처', '산업 학교', '교외의 시범 마을', '빈민 은행', 빈민을 위한 법적 구조 계획 등이다. 그리고 이런 사회적·영적 관심사의 놀라운 결합이 알려지자 "아니나 다를까 대중은 구세군에게 그 후 계속 따라다니는 '수프, 비누, 구원'이라는 슬로건을 부여했다!"[31]

복음 전도와 사회 활동의 동반자 관계를 뒷받침해 주는 세 번째 성경적 논증은 복음의 전달과 관련되어 있다.

복음은 어떻게 알려져야 하는가? 우선 말로 표현되어야 한다. 하나님 자신이 말로 의사 전달을 하기로 선택하셨으므로, 그리스도인들은 말을 무시하거나 의사 전달 수단으로서 말을 소홀히 여기는 현대인의 성향에 동참해서는 안 된다. 언어를 통한 의사 전달은 그것이 입으로 말한 것이든 글로 쓴 것이든 다른 수단에서는 찾아볼 수 없는 정확성을 가지고 있다. 동시에, 인격적인 하나님의 말씀은 "육신이 되어" 그 결과 사람들이 "그의 영광을 보[게]" 되었다.[32] 만일 하나님의 말씀이 눈에 보이게 되었다면 우리의 말 역시 그래야 한다. 우리가 하나님의 사랑을 행동으로 보이지 않는다면 그 사랑을 신빙성 있게 전할 수 없다. 그러므로 우리는 우리가 말로 복음을 전하는 대상에게서 멀리 떨어져 있거나 그들의 상황을 무시할 수 없다. 우리는 그들의 사회 현실 속으로 들어가고 그들의 고난에 동참해야 한다. 바빙크(J. H. Bavinck)는 그럴 때 우리의 행동이 "설교가 된다"고 말한다.[33]

다음 내용은 우리가 다시 예수님의 사역을 돌아보게 한다.

> 우리는 오늘날 말씀과 행동의 유사한 통합으로 부름받는다. 우리는 겸손한 마음으로 설교하고 가르치며, 병든 자를 돌보고, 굶주린 자를 먹이며, 갇힌 자를 돌보고, 불우한 이들과 장애가 있는 사람들을 도우며, 억눌린 자를 해방시켜야 한다. 우리는 영적 은사들과 부르심, 그리고 상황의 다양성을 인정하는 한편, 복음과 선한 일은 분리할 수 없다는 것 또한 단언한다.[34]

다섯 가지 반대에 대한 고찰

성경에 복음 전도와 사회적 책임의 동반자 관계에 대한 기초가 잘 제시된 것 같긴 하지만 그에 대한 수많은 반대가 제기되는 것도 사실이다.

첫째, 그리스도인은 정치를 가까이 하지 말아야 하는 것 아닌가? 그리스도인들은 자선에는 참여하지만 정치적으로는 관여하지 말아야 한다.

정치를 정당들이 개발하는 정책들 및 법 개정 절차들을 가리키는 말로 협소하게 정의한다면, 그리스도인은 나름의 사전 준비가 되어 있지 않은 채 정치에 관여해서는 안 되는 것이 사실이다. 정치는 필요한 전문 지식을 갖고 있는 정치가들의 몫이다. 그리스도인이 무지한 상태에서 정치적 문제들에 대해 거드름 피우며 말하는 광경보다 더 당혹스러운 것은 없다.

그러나 더 넓은 의미의 '정치'는 '폴리스'(*polis*) 곧 도시의 삶, 공동체가 함께 사는 기술에 관한 것이다. 이런 의미에서 우리 모두는 정치에 관여해야 한다. 예수님은 우리가 세속 사회에서 살도록 부르시기 때문이다.

사회적 복지로는 충분하지 않다. 법 개정을 위한 운동은 이웃 사랑을 위한 중요한 표현이다. 예를 들어 우리는

- 개개인을 치료해 주는 것을 넘어서 서로 다른 여러 진료 과목의 전문의가 모여 있는 병원을 짓는 데까지 나아가야 한다.
- 주린 자들을 먹이는 것을 넘어서 기아가 존재하지 않는 새로운 국제 경제적 질서를 확립하는 데까지 나아가야 한다.
- 선한 사마리아인처럼 사람들의 상처를 싸매 주는 것을 넘어서 여리고 도상에서 강도들을 없애는 임무까지 나아가야 한다.

- 노예들을 공정하게 다루는 것을 넘어서 노예제 자체를 폐지하는 데까지 나아가야 한다.

이런 것들은 명백한 성경적 근거가 없을지 모르며, 분명 예수님은 노예를 해방시키라고 요구하지는 않으셨다. 하지만 우리는 그분의 제자들이 수백 년 후에 그 일을 한 것에 깊이 감사하지 않는가? 억압받는 자들을 위한 정의를 추구하는 사랑이라고 규정되는 정치적 행동은 실제로 사랑이 우선되어야 한다는 성경의 강조에서 나온 타당한 방안이다.

둘째, 그것은 예전의 '사회 복음'으로 돌아가는 것이 아닌가? 그렇지 않다. 우리는 20세기 초 월터 라우센부시(Walter Rauschenbusch)가 발전시킨 신학적 자유주의의 사회 복음과, 성경적 복음의 사회적 함축을 구분해야 한다. '사회 복음'은 하나님 나라를 사회주의화된 사회와 동일시하며 사회·정치적 활동을 '이 땅에 하나님의 나라를 건설하는 것'이라는 견지에서 말했다. 그 환상은 교만하고 자신만만하며 유토피아적이었다. 그러나 성경적 복음의 사회적 함축은 그와 다르다. 일단 우리가 그리스도 안에서 새로운 사람이 되고 그분의 새로운 사회의 일원이 되면 우리는 그분이 우리에게 부여하신 책임을 받아들이고 옛 사회의 소금과 빛으로 스며들어야 한다.

셋째, 이런 사회적 관심은 '해방 신학'과 같은 게 아닌가? 이것 역시 그렇지 않다. 우리가 해방 신학을 비판하는 주된 지점은 그것이 인간의 사회적·정치적·경제적 해방을 그리스도께서 오셔서 죽으시고 다시 사심으로써 이루신 '구원'과 동일시하려고 시도한다는 것이다. 해방 신학은 또한 마르크스주의 이론(특히 사회 분석)을 승인하고 폭력을 지지하는 경향이 있다. 이미 말했지만 인간을 억압하고 비천하게 하며 비인간화하는 모든 것으로부터 완전히 해방되는 것은 분명 그들의 창조주인 하나님을 기쁘시게 하는 일이다. 나는 복음주의적 그리스도인들이 먼저 진정으로 성경적인 해방의 신학에 친숙해지기를 바란다. 하지만 물질적인 '해방'을 '구원'과 동일시하는 것은 성경을 잘못 이해하고 잘못 전하는 것이다.

넷째, 사람들이 회심하지 않으면 사회 변화를 기대하기는 불가능하지 않은가? 한 번 더, 그렇지 않다. 물론 우리는 사람들이 회심하기를 열망한다. 하지만 예수 그리스도께서는 그분의 백성들을 통해 사회 전체의 유익에 엄청난 영향력을 발휘하셨다. 예를 들어 보건 위생의 기준이 높아진 점, 교육의 기회가 더 넓어진 점, 여자와 어린이들을 점차 더 존중하게 된 점, 인권과 시민의 자유에 대한 관심, 공장과 광산과 감옥의 환경 개선, 노예제와 노예 매매의 폐지 등을 생각해 보라.

입법은 사람들을 회심하게 만들거나 그들을 선한 사람들로 만들지는 못하지만 사회 개선을 보장할 수는 있다. 심지어 타락한 인간이라 할지라도 불의보다 정의를, 억압보다 자유를, 폭력보다 평화를 더 선호하기에 충분할 만큼 하나님의 형상의 흔적을 가지고 있다. 마틴 루터 킹(Martin Luther King)의 다음과 같은 말은 옳다. "도덕은 법률로 제정할 수 없으나, 행위는 통제될 수 있다. 사법적 판결이 마음을 바꿀 수는 없을지 모르지만, 무자비함을 제한할 수는 있다.…법은 고용주가 나를 사랑하도록 만들 수는 없으나, 고용주가 나의 피부색 때문에 나를 고용하기를 거부하지 못하도록 해 줄 수는 있다."[35]

다섯째, 사회 활동에 헌신하면 복음 전도에서 멀어지는 것이 아닐까? 그렇다. 그럴 수 있다. 그러나 그렇지 않다. 반드시 그런 것은 아니다. 분명 우리는 이럴 가능성을 경계해야 한다. 우리는 복음주의의 감시견들-우리 안에서 복음 전도에 대한 헌신이 줄어드는 어떤 표시라도 발견하면 크게 오랫동안 짖어 대는-에게 감사해야 한다. 하지만 우리가 예수님의 죽음과 부활과 승천에 비추어 산다면, 복음 전도를 하려는 우리의 동기는 계속해서 그 영원한 원동력에 의해 새로워질 것이다. 특히 그분이 가장 높은 영광의 자리로 높이 들리셨기 때문에 우리는 그분이 그 이름에 합당한 영광을 받으시기를 바라게 될 것이다. 그렇다면 사회 활동은 우리를 복음 전도에서 벗어나게 하기는커녕 복음을 더 가시적이고 더 신빙성 있는 것으로 만들어 더 효과적인 것이 되게 할 것이다.

동반자 관계의 몇 가지 예

미국의 선교학자인 피어스 비버(R. Pierce Beaver) 박사는 "선교에서 사회 활동은 사도 시대로부터 이루어지던 일이다"라고 썼다. 더구나 그 관심사는 결코 구제에만 국한되지 않았다. 그것은 오늘날 우리가 '개발'이라고 부르는 것, 곧 개량된 식물과 가축을 도입하거나 질병을 제거하거나 더 맑은 물을 항상 얻기 위해 더 깊은 샘을 파거나 학교를 세우거나 함으로써 공동체가 자립하도록 만드는 것을 포함했다. 게다가 선교사들은(그리고 결국 전국의 교회들은) 사회정의를 지지했다. 그들은

> 끊임없이 정부와 무역 회사들의 착취와 불의에 대항해서 현지 주민들을 보호했다.…그들은 콩고에서 강제 노동을 폐지하는 데 매우 중요한 역할을 담당했다. 그들은 남태평양에서 흑인을 유괴하여 노예로 파는 일에 저항했다. 그들은 중국에서 아편과 전족(纏足)과 여아 유기에 맞서 인권을 위해 격렬히 싸웠다. 그들은 인도에서 과부의 화형, 유아 살해, 사원 매음에 대항하여 전쟁을 했으며, 특히 비천하고 자신의 계급에서 추방당한 사람들을 위해 카스트제도라는 사회·경제적 노예 제도를 깨뜨렸다.[36]

이런 관심사들은 사실상 불가피했다. 초기의 선교사들에게는 죄인을 구원하기 위해 오신 그리스도 안에 나타난 하나님의 사랑의 메시지를 선포하면서 동시에 사람들의 사회적 상황을 무시하는 것이 불가능했다. 그들은 복음 자체 때문에, 복음과 상충하는 것은 무엇이든, 그것이 아프리카의 노예 제도이든, 인도의 불가촉천민이든, 라틴아메리카의 부족 착취와 불명예스러운 대중의 빈곤이든, 그것에 반대하지 않을 수 없었다. 마찬가지로 서구에서 복음을 전하면서 실업자와 노숙자, 또는 퇴락하고 혜택받지

못한 도시 빈민가 지역의 소외된 젊은이와 편부모 가정의 곤경을 보고도 못 본 체하는 일은 불가능하다. 복음은 이런 것들에 대해 아무 말도 하지 않을까? 우리의 하나님은 사람들을 하늘나라로 데려가는 일에만 관심을 가지시고 이 땅에서 그들의 환경을 개선하는 데는 관심이 없으실까? 그렇지 않다. 구원은 우리를 인간답게 만드는 영향력을 가졌다고 선포하면서, 비인간화시키는 사회의 악을 무시하는 것은 하나님을 잘못 전하고 복음을 왜곡하는 내적 모순의 죄를 짓는 것이다. 다른 사람들의 절실한 필요에 동정심을 갖고 관여하는 것은 성육신 선교의 본질적인 부분이며 그리스도의 복음이 요구하는 것이다.

데이비드 하워드(David Howard) 박사는 친구인 그레고리오 란데로(Gregorio Landero)를 "내가 아는 사람 중 가장 재능 있는 복음 전도자 중 한 명"이라고 묘사하면서 다음과 같이 말한다.

그는 복음 전도를 위해 북부 콜롬비아의 여러 지역을 두루 여행하면서 무거운 부담을 느끼게 되었다. 그는 그곳 사람들의 영혼을 위해 사역하고 있었는데, 그들은 영양실조로 고생하고 있었기 때문이다. 그는 그들이 굶주리고, 적절한 도움만 주면 피할 수 있는 질병들 때문에 고생하는 상황에서 어떻게 구원의 복음을 전할 수 있을지 고뇌했다. 그는 더욱 총체적으로 복음을 전할 수 있는 가능성을 연구하기 시작했다. 수년 동안 고된 노력을 한 결과 사람들의 필요를 위한 전체적 사역 프로그램인 연합 활동(United Action)을 개발했다. 그레고리오는 연합 활동의 지도자이며, 전체 프로그

램 개발에 비전과 추진력을 주었다. 오늘날 그는 복음 전도적 설교와 함께 그곳 사람들이 농법을 개량하도록 돕고, 그들의 식단에 더 많은 단백질을 제공할 축산업을 개발하고, 가정 위생에 대해 가르치며, 치과 사업, 문맹 퇴치 사업, 그 외에 사람들의 가정생활과 공동체 생활을 향상시킬 다른 일들을 동료들과 함께 수행하고 있다. 또한 전체 창조계의 일부인 자연 자원을 보존하는 일을 도우려는 노력도 하고 있다.[37]

우간다의 페스토 키벤게르(Festo Kivengere)도 이와 비슷한 총체적 비전을 가지고 헌신했다. 그는 우선 무엇보다도 복음 전도자였다. 그리고 키게지(Kigezi) 교구 주교가 되었을 때 그는 뛰어나게 효과적인 세계적 복음 전도 사역을 계속했다. 그로 인해 많은 사람이 그리스도께 돌아왔다. 하지만 그는 교구의 발전에, 특히 교육의 개선과 건강과 농업에 관심을 가지고 있었다. 그의 메시지는 사랑과 그리스도를 통한 화해를 중심으로 이루어졌으나 정의를 호소하기도 했다. 국가의 입법적·사법적·행정적 기능에 참여하지 않는다는 의미에서 그는 정치적인 감독이 아니었지만, 그럼에도 불구하고 이디 아민(Idi Amin)을 축출하는 데 주요한 역할을 담당했다. 그는 여러 번에 걸쳐 목숨을 걸고 비공식적으로 아민과 대결하였으며 그의 테러 통치에 저항했다. 그의 동료들은 "페스토는 매우 용감했다"고 회상했다. "체포가 계속되었는데도 그는 아민이 저지르고 있는 중대한 범죄에 맞서기 위해 계속해서 다시 아민에게로 갔다."[38]

페스토 주교는 자신의 서로 다른 사역들 사이에 어떤 불일치도 없다고 생각했다. 그는 "구약과 신약에 동전의 양면으로 나와 있는 것-잃어버린 바 된 인간의 영혼을 구원하는 것…그리고 그들의 사회적 필요에 대한 관심-의 비극적인 분리"에 대해 말했다.[39] 1985년 우간다의 '선교 동반자 협의회' 의장이었던 캘리포니아 출신 섀넌 말로리(Shannon Mallory) 주교는 그에 대해 다음과 같이 말했다.

> 우리의 친애하는 페스토는 한편으로는 우간다 교회의 영적 갱신과 화해를 열렬히 요청하면서, 동시에 그 나라에서 여전히 자행되고 있던 정치적·군사적 폭정에 대해 거리낌 없이 말하고 그것을 비판하기 위해 담대하게(거의 혼자 그랬던 것으로 보이는데) 일어서면서, 그 논쟁(당시 자행되고 있던 인권 유린에 대한)의 한가운데 있던 불 같은 선지자였다.[40]

이처럼 복음 전도를 위한 증거와 정치적 항쟁은 서로 상충하는 게 아니라 본래 한 쌍이었으며, 지금도 그렇다. 사람마다 서로 다른 사역으로 부름받기 때문에 동시에 그 두 가지에 종사하도록 부름받는 그리스도인은 거의 없을지 모른다. 그럼에도 불구하고 우리는 둘 다에 관여해야 한다. 둘 다 하나님이 주신 사명, 즉 교회가 세상에서 행할 선교에 속해 있기 때문이다.

팀 체스터의 성찰 질문

1. (존 스토트 자신이 초안을 작성한) 복음 전도와 사회적 책임의 관계에 대한 1982년 협의회 보고서는 사회적 책임이 복음 전도의 (1) 결과 (2) 다리 (3) 동반자라고 말했다. 이 연관들 각각에 대한 예를 본 적이 있는가?
2. 왜 복음 전도가 우선인가? 그것은 실제로 어떤 모습으로 보일까?
3. 교회에 사회적 활동을 무시하고 복음 전도에만 초점을 맞추도록 압력을 가하는 것은 무엇인가? 그런 압력에 어떻게 반박할 수 있는가?
4. 교회가 복음 전도를 무시하고 사회적 활동에만 초점을 맞추도록 압력을 가하는 것은 무엇인가? 그런 압력에 어떻게 반박할 수 있는가?
5. 그리스도인들은 왜 정치에 관여해야 하는가? 그리스도인이 정치에 관여하는 것이 지닌 위험들은 무엇인가?
6. 당신은 어떤가? 당신은 복음 전도나 사회적 활동이나 혹은 둘 다를 무시해 왔는가? 당신의 제자도가 지금보다 더 '총체적'이 되도록 만들기 위해 취할 수 있는 두세 단계는 무엇인가?

4
선교의 기독론

교회의 선교를 회복하거나(그것을 잃어버린 곳에서), 그것을 발전시키기(그것이 약한 곳에서) 위해서는 예수 그리스도에 대한 새롭고 분명하며 포괄적인 비전보다 더 중요한 것이 없다. 그분의 위상이 실추되면, 특히 그분의 독특한 인격과 사역의 충만함이 부인되면 교회는 동기와 방향을 잃고 우리의 사기는 무너져 내리며 우리의 선교는 붕괴된다. 하지만 우리가 예수님을 바라본다면 그것으로 충분하다. 우리는 필요한 모든 영감과 동기, 권위와 능력을 갖고 있다.

이 장에서는 우리 주님이며 구원자이신 그분을 새롭게 보고 그분의 구원 사역의 여섯 가지 주요 사건(성육신, 십자가, 부활, 높이 들리심, 성령을 선물로 주심, 재림)을 하나하나 말하면서 (종종 소홀히 여겨지기는 하지만) 불가피한 선교적 차원을 각각 살펴보겠다.

그리스도의 성육신

선교의 모델

성육신은 "인류 역사상 문화적 동일화의 가장 놀라운 실례"였다.[1] 하나님의 아들이 인간의 죄와 비극에서 멀리 떨어진 하늘나라의 안전한 상태에 머무르지 않으셨기 때문이다. 그분은 실제로 우리가 사는 세상으로 들어오셨다. 또한 자신의 영광을 버리고 섬기기 위해 자신을 낮추셨다. 그분은 우리와 같은 본성을 입으시고, 우리와 같은 삶을 사셨으며, 우리가 겪는 시험을 당하시고, 우리의 슬픔을 경험하시고, 우리의 상처들을 느끼셨으며, 우리의 죄를 지시고, 우리의 죽음을 죽으셨다. 그분은 우리의 인간됨 속으로 깊이 들어오셨다. 그분은 피할 것이라고 예상되었던 사람들과 결코 멀리 떨어져 있지 않으셨다. 사회의 낙오자들과 친구가 되셨다. 심지어 불가촉천민들도 접촉하셨다. 그분이 행하신 것보다 우리와 더 하나가 될 수는 없었을 것이다. 그것은 사랑에서 나온 총체적인 동일화였다.

나는 가끔 이 땅에서 펼쳐진 그리스도의 선교를 달에서 펼쳐진 아폴로 우주선의 사명(mission)에 비유했다. 그러한 유추는 물론 피상적이지만, 교훈을 주기도 한다. 그 둘은 유사점과 차이점이 있기 때문이다. 그것들은 각각 'mission'이라는 말로 서술된다는 점에서, 그리고 세상을 놀라게 할 만한 타 문화를 향한 여정이라는 점에서—그리스도의 경우에는 하늘에서 이 땅으로, 아폴로 우주선의 경우에는 지구에서 달로—유사하다고 말할 수 있다. 그러나 동일화의 정도와 깊이 면에서는 서로 다르다. 아폴로 우주선에 탔던 사람들은 결코 달에 동화되지 않았다. 만일 그들이 그렇게 하려고 했다면 순식간에 죽고 말았을 것이다. 그 대신에 그들은 지구의 장비들-지구의 산소, 설비, 의복, 식량-을 가져갔다. 하지만 예수님은 하늘나라에서 이 땅으로 오실 때 하늘나라를 뒤에 남겨 두고 아무것도 가져오지 않으셨다. 오직 자신만 오셨다. 그분은 표면에만 착륙하신 것이 아니었다. 우리와 같은 인간이 되셨으며 우리와 마찬가지로 상처받기 쉬운 존재가 되셨다.

그러나 그리스도께서 우리와 동일화되셨을 때 그분은 자신의 정체성을 포기하거나 다른 식으로 바꾸지 않으셨다. 왜냐하면 우리 중 하나처럼 되셨어도 여전히 그분은 그분 자신이었기 때문이다. 그분은 인간이 되셨으나 하나님이시기를 중단한 것은 아니었다.

아버지께서 그분을 세상에 보내신 것같이 이제 그분은 우리를 세상에 보내신다.[2] 다시 말해 우리의 선교는 그분의 선교를 모델로 삼아야 한다. 모든 진정한 선교는 성육신적 선교다. 그것은 정체성을 상실하지 않은 채 동일화할 것을 요구한다. 진정한 선교는 우리의 기독교적 확신, 가치관, 기준을 타협하지 않으면서 그분이 우리의 세계에 들어오신 것처럼 다른 사람들의 세계에 들어가는 것을 의미한다.

사도 바울은 회당이나 거리에서 이름도 모르는 사람들에게 설교하는 사람이 아니었다. 반대로, 그는 자유인이었지만 스스로 모든 사람의 종이 되었다. "유대인들에게 내가 유대인과 같이 된 것은 유대인들을 얻고자 함이요…율법 없는 자에게는…율법 없는 자와 같이 된 것은 율법 없는 자들을 얻고자 함이라. 약한 자들에게 내가 약한 자와 같이 된 것은 약한 자들을 얻고자 함이요 내가 여러 사람에게 여러 모습이 된 것은 아무쪼록 몇 사람이라도 구원하고자 함이니."[3] 이것이 성육신의 원리다. 곧 그들이 있는 곳에서 그들과 동일화되는 것이다.

선교 역사에는 이 원리를 적용하려 애쓴 그리스도인들의 극적인 예가 많다. 1732년 모라비아파의 지도자 친첸도르프(Zinzendorf) 백작은 선교사 두 명을 서인도의 사탕 농장으로 보냈다. 그들은 아프리카인 노예들과 접촉할 수 있는 유일한 방법이 사슬에 묶여 있는 그들과 같이 사슬에 묶이고 그들이 사는 오두막에서 함께 사는 것임을 발견했다.

1882년 프레더릭 터커(Frederick Tucker) 소령은 인도에서 구세군을 시작했다. 그에게 부스 사령관이 한 마지막 말은 "터커, 그들과 철저히 동화되게"였다. 그는 그렇게 했다. 자기 소속 계급에서 추방당한 사람들에게 깊은 관심을 가진 그는 병사들과 함께 그들의 삶을 살기로 했다. 그래서 노란색 옷을 걸치고, 인도 이름을 가졌으며, 맨발로 다니고, 숯으로 이를 닦았으며, 바닥에 책상다리를 하고 앉아서 그들의 카레를 먹었다.[4]

1950년 이탈리아의 젊은 로마가톨릭 사제 마리오 보렐리(Mario Borelli)는 '스쿠니찌' 곧 나폴리 거리의 아이들이 사랑도 없고 집도 없이 극심한 곤경에 처한 것을 보고 전율하여, 그들에게 이를 수 있는 유일한 방법은 그들 중 하나가 되는 것이라고 결심했다. 그는 "그들의 옷, 그들의 말, 그들의 습관"을 따랐다.[5] 어쩌면 그는 너무 지나쳤을지도 모른다. 선교사들이 '원주민이 되는' 것이 언제나 지혜로운 것은 아니다. "그렇게 하려는 외국인들의 시도는 주로 진짜 그렇게 된 것이 아니라 연극을 하는 것으로 보일 수 있기 때문이다."[6] 그렇지만 우리는 그리스도의 성육신을 본받으려 한 대담한 시도들에 찬탄하지 않을 수 없다.

그러나 우리 대부분에게 성육신적 모델은 그보다 더 평범한 노력을 요구할 것이다.

첫째, 다른 사람들의 사고 세계에 들어갈 필요가 있다. 이와 관련해서 나는 언제나 『이웃집의 우주』(*The Universe Next Door*)[7]라는 제임스 사이어(James Sire)의 책 제목을 좋아했다. 그는 그 책의 부제를 "기본적인 세계관 목록"이라고 붙이고 이신론, 자연주의, 허무주의, 실존주의, 동양의 범신론적 일신론 등의 의미를 개괄한다. 그런 세계관을 가진 사람들은 또 다른 사고의 우주 속에 산다는 것이 그의 요점이다. 그렇기 때문에 그들에게 이르려면 일종의 성육신이 필요할 것이다. 마찬가지로, 윈체스터 주교였던 존 테일러(John V. Taylor)는 우리가 "우리 자신의 문화적 담장 안에 남아 있는 한" 현대의 회의론자들에게 결코 복음을 권할 수 없을 것이라고 강조했다. 그는 이어서 "진정한 국외자들은 오직 바깥 방향에서만 이를 수 있다.…만일 우리가 접촉하기 원하는 특정한 '국외자'들의 세계에 자연적으로 속해 있지 않다면, 우리 중 일부는 그 이질적인 영역으로 건너가는 수고를 해야 하고 그곳에서 익숙하게 지내는 법을 배워야 한다"고 말한다.[8]

나는 우리가, 새로운 세대의 그리스도인 사상가와 변증가가 나오도록 기도하고 애써야 한다고 생각한다. 그들은 하나님이 주신 지성을 그리스도께 헌정하여, 동시대 사람들의 딜레마에 공감하고 참여하며, 거짓된 이데올로기의 정체를 드러낼 것이다. 그럴 때 그들은 다른 종교들이 줄 수 없는 것을 주시는 예수 그리스도의 복음을 제시할 수 있을 것이다. 오직 그분만이 우리의 가장 깊은 인간적 열망을 성취하실 수 있기 때문이다. 레슬리 뉴비긴 주교는 적어도 계몽주의가 활력을 잃어버린 서구에서는 이제 "계몽주의 이후의 문화(post-Enlightment culture)와 진정한 선교적 조우"를 할 때가 무르익었다고 역설한다.[9]

둘째로, 우리는 우는 자들과 함께 울기 위하여 다른 사람들의 마음의 세계 곧 그들의 고뇌와 소외의 세계에 들어가야 한다.[10] 모든 비그리스도인(그리고 많은 그리스도인 역시)에게는, 심지어 가장 외향적인 사람이라도, 감추어진 깊은 고통이 있다. 오직 기꺼이 그들의 고난 속으로 들어가야만 우리는 그들에게 이를 수 있다. 지난 장에서 살펴본 것처럼 사람들의 사회적 현실에 들어가는 것도 여기에 포함될 것이다. 그들이 실제로 처한 상황에서 그들을 따로 떼어 내어 그들의 고난을 무시한 채 사회적 진공 상태에서 복음을 나누는 것은 불가능하다.

그리스도의 십자가

선교의 대가

오늘날 성경적 선교에서 가장 소홀히 다루어지는 측면은 고난, 더 나아가 죽음이 차지하는 필수적인 위치다. 그것은 성경에 분명히 나타나 있다. 세 가지 예를 들어 보겠다.

첫째, 우리는 그것을 이사야의 고난받는 종에서 본다. 종이 이방의 빛이 되고 땅 끝까지 구원을 가져올 수 있기 전에,[11] 그는 그를 때리는 자들에게 자기 등을 맡기고 그의 수염을 뽑는 자들에게 자기 뺨을 맡기며 수욕과 침 뱉음에 자기 얼굴을 맡긴다.[12] 그는 "나라들을 놀라게 할" 수 있기 전에,[13] "멸시를 받아서 사람에게 버림받았으며 간고를 많이 겪었으며 질고를 아는 자"[14]다. 더구나 그분은 우리의 죄를 지시고 우리를 위해 속건제물로 죽으셨다.[15] 더글러스 웹스터(Douglas Webster)는 이렇게 썼다.

> 선교는 조만간 수난으로 이끈다. 성경적 범주에서…종은 반드시 고난을 받아야 한다.…선교를 효과적으로 만드는 것은 바로 그것이다.…모든 형태의 선교는 모종의 십자가로 이끈다. 선교의 모양새 자체가 십자가형이다. 우리는 오직 십자가의 관점에서 선교를 이해할 수 있다.[16]

둘째, 주 예수님 자신이 이 원리를 가르치셨고 직접 보이셨으며 그것을 제자들에게까지 확장시키셨다. 몇몇 헬라인이 그분을 보고자 했을 때 그분은 이렇게 말씀하셨다. "인자가 영광을 얻을 때가 왔도다[즉 십자가에서]. 내가 진실로 진실로 너희에게 이르노니 한 알의 밀이 땅에 떨어져 죽지 아니하면 한 알 그대로 있고 죽으면 많은 열매를 맺느니라."[17] 다시 말해 복음은 그분의 죽음을 통해서만 이방인들의 세계로 확장될 것이다. 그러므로 죽음은 생명에 이르는 길 그 이상이다. 그것은 풍부한 결실을 맺기 위한 조건이다. 씨가 죽지 않으면 그것은 한 알 그대로 있다. 하지만 죽으면 많은 열매를 맺는다. 메시아에게도 마찬가지였다. 메시아의 공동체에게도 마찬가지다. 예수님은 "나를 섬기려면 나를 따르라"고 말씀하셨기 때문이다.[18]

셋째, 사도 바울은 이 원리를 자기 자신에게 적용하였다. 다음과 같은 놀라운 본문들을 살펴보라.

> 그러므로 너희에게 구하노니 너희를 위한 나의 여러 환난에 대하여 낙심하지 말라. 이는 너희의 영광이니라.[19]

> 그러므로 내가 택함 받은 자들을 위하여 모든 것을 참음은 그들도 그리스도 예수 안에 있는 구원을 영원한 영광과 함께 받게 하려 함이라.[20]

> 그런즉 사망은 우리 안에서 역사하고 생명은 너희 안에서 역사하느니라.[21]

바울은 자신의 고난을 통해 다른 사람들이 영광에 들어갈 것이라고, 그의 참음을 통해 다른 사람들이 구원을 받을 것이라고, 그리고 그의 사망을 통해 다른 사람들이 살게 될 것이라고 감히 주장한다. 바울은 정신이 나갔던 것일까? 아니다! 그가 한 말은 진정일까? 그렇다! 물론 그가 예수 그리스도의 고난과 죽음에 담겨 있다고 말했던 속죄의 능력이 자신의 고난과 죽음에도 있다고 말하는 것은 아니다. 그보다는, 사람들이 구원과 생명과 영광을 얻을 수 있게 되는 것은 오직 그들에게 복음이 전해질 때, 그리고 신실하게 복음을 전하는 사람들이 그것을 위해 변함없이 고난을 받을 때라는 의미다. 바울은 자신이 무슨 말을 하고 있는지 알았다. 그가 죄수가 되어 쇠사슬에 매인 것은 이방인이 유대인과 정확히 대등한 입장에서 기독교 공동체 안에 속하게 될 것이라는 '하늘의 환상'에 충실했기 때문이었다. 복음의 이런 측면 때문에 그는 거의 광적인 반대에 부딪혔던 것이다. 그 결과 이방인들은 그가 이 좋은 소식을 선포하기 위해 기꺼이 고난을 받았기 때문에 구원을 받았다.

바울 이래로 복음을 위해 고난받은 예는 많이 있었다. '증인'이라는 의미의 헬라어가 '마르티스'—그 말에서 '순교'(martyr)라는 영어 단어가 나왔다—인 것은 우연이 아니다. 교회사는 핍박의 이야기들로 가득 차 있다. 때로 그것은 신체적인 핍박이었다. 1880년 영국에서 구세군이 창설된 직후에,

"선술집 주인과 매음굴 주인들은 잔인한 전면적 반격에 착수했

다.…구세군은 '그리스도인이 되고자 하는 자는 십자가 처형을 각오해야 한다'는 스페인 격언의 냉혹한 진리를 배웠다.…1882년 한 해 동안 구세군 장교 669명이 두들겨 맞거나 잔인하게 공격당했다." 1880년대에 구세군 신자들은 그들의 자녀들을 바치면서, 자기 자식들이 "그리스도를 위해서 멸시당하거나, 미움받거나, 저주받거나, 매 맞거나, 발로 차이거나, 감옥에 갇히거나, 죽임을 당할" 것임을 기꺼이 고백했다.[22]

다른 시기에는 고난이 육체적이기보다는 정신적이었다. 예를 들어 부스 사령관의 맏딸로 알려진 마레셜(Maréchale)은 1883년 스위스의 뇌샤텔(Neuchâtel)에 있는 감방에서 내면적 십자가 처형에 대해 묵상한 "함성"(*War Cry*)이라는 글을 썼다.

> 예수님은 십자가에 달리셨다.…그날 이래로 사람들은 더 쉬운 길을 발견하려 애써 왔다. 그러나 쉬운 길들은 실패한다. 하나님 없이 사는 수많은 사람의 영혼을 구하려 한다면, 당신은 십자가에 달릴 준비가 되어 있어야 한다. 당신의 계획, 당신의 사상, 당신의 기호, 당신의 성향을 십자가에 매달 준비가 되어 있어야 한다. 상황이 달라졌고 지금은 자유가 있다고 말한다. 정말 그런가? 가서 그리스도의 삶을 살고, 그분이 말씀하신 것처럼 말하며, 그분이 가르치신 것을 가르치고, 죄를 발견할 때마다 그것에 공격을 가해 보라. 그리고 그 원수가 지옥의 모든 광포함으로 당신에게 대들지 않는가 보라.…그리스도는 응접실에서 십자가에 못 박히지 않으셨

다. 그분의 일은 안락의자에 앉아서 하는 일이 아니었다.…당신은 노여움과 오해를 받고 악담을 듣는 것으로 인해 움츠러드는가? 그 때가 바로 당신이 십자가에 못 박힌 때다.[23]

세 번째 종류의 고난은 사회적인 것이다. 미국의 로마가톨릭 사제로 17년간 탄자니아의 마사이족 가운데서 일했던 빈센트 도노반은 언젠가 선교사의 특징적 표지가 무엇인지 자문한 적이 있다. 다음은 그가 자신에게 한 대답이다.

> 선교사는 본질적으로 그의 뿌리, 가문, 혈통, 고향, 배경, 문화로부터 떨어져 나온 사회적 순교자다.…그는 자기 존재의 가장 본질까지 내려가서, 인간으로서 할 수 있는 대로 벌거벗은 모습이 되어야 한다.…(그는) 자신에게서 바로 자신의 문화를 제거하여, 세계의 문화들에 복음을 전하는 벌거벗은 도구가 될 수 있어야 한다.[24]

열매 맺는 선교의 조건으로서 고난과 죽음에 대한 이 부르심은 현대 서구인들의 귀에 매우 이질적으로 들린다. 품위 있는 중산층이 점거하고 있는 교회는 전혀 박해받을 법한 장소가 아니다. 오늘날 그리스도를 위해 기꺼이 고난받으려는 마음은 어디에 있을까? 승리주의 경향을 띤 복음주의 속에는 환난이 들어설 자리가 거의 없는 듯하다. 그리고 무한정의 건강과 부를 약속하는 그릇된 '번영 복음'은 사람들의 눈을 가려, 역경을 예고하는 성경의 경고를 보지 못하게 만든다. 그러나 우리가 타협하기를 거부하면

할수록 분명 더 고난받을 것이라는 사실은 여전히 분명하다.

복음을 반대하는 주된 이유로 다음 세 가지가 있다. 그것들은 교리, 윤리, 규율의 영역에 속했다.

1. 교리적으로, 십자가에 못 박히신 그리스도의 복음은 여전히 지적으로 교만한 자들에게는 어리석은 것이요 자기 의로 가득 찬 사람들에게는 거침돌로 남아 있으며, 그래서 두 집단 모두 그것을 굴욕적이라고 생각한다.
2. 윤리적으로, 그리스도의 부르심은 자기 부인과 자기 절제로의 부르심이다. 방종한 사람들은 그 도전을 받아들일 수 없다고 생각한다.
3. 규율 면에서, 세례와 성만찬 모두 그것을 받기 원하는 사람들의 회개와 믿음을 전제하므로 어떤 사람은 이러한 성례를 거부당한다. 심지어 회개하지도 않고 믿지도 않는다고 공개적으로 인정하는 사람인데도 성례를 거부당한다는 것 자체가 격분을 유발한다.

이처럼 교리와 윤리와 규율에 신실하고자 하는 사람들은 분명 세상에서뿐 아니라 교회 안에서도 박해를 받는다.

그렇다면 우리는 조소당하는 고통, 배척당하는 외로움, 중상모략과 욕을 당하는 아픔을 감당할 준비가 되어 있는가? 필요하다면 인기와 승진, 안락과 성공, 우리에게 깊이 뿌리박혀 있는 개인적·문화적 우월감, 부유하거나 유명해지거나 권력 있는 사람이 되고자 하는 이기적인 야심에 대해 그리스도와 함께 기꺼이 죽을 것인가?

많은 열매를 맺는 씨는 죽은 씨다.

인도의 오리사(Orissa)에서 온 한 형제가 복음 전도자였던 자기 아버지의 순교에 대해 말한 적이 있다. 그가 여덟 살이었을 때 그의 아버지는 고용된 자객에게 살해당했다. 그의 아버지가 죽었을 당시 그 지역의 교회는 겨우 12개였는데 그가 내게 말할 당시에는 150개가 되었다고 했다.

그리스도의 부활

선교의 위임령

부활이 대위임령보다 선행함을 기억하는 것이 가장 중요하다. 제자들에게 가서 모든 족속으로 제자를 삼으라는 위임령을 말씀하신 분은 부활하신 주님이었다. 그분이 죽은 자 가운데서 부활하시고 권세를 덧입지 않으셨다면 그런 명령을 내리실 수 없었다. 부활하셨기 때문에 "하늘과 땅의 모든 권세를 내게 주셨으니 그러므로 너희는 가서…제자로 삼아"라고 말씀하실 수 있었다.[25]

요하네스 블라우(Johannes Blauw)는 구약의 관점이 '보편주의'(하나님이 지으신 모든 민족이 와서 그분께 경배할 것을 하나님이 약속하셨다는) 관점이지,[26] '선교'(이스라엘이 열방을 얻으러 나아가는)의 관점은 아니었다고 주장했다. 말세에 대한 선지자적 환상은 예루살렘으로 가는 '열방의 순례 여행'이었다. 시온산은 산들 중에 뛰어날 것이며 "만방이 그리로 모여들 것"이다.[27] 그러나 신약에서는 이런 '구심적인 선교 의식'이 '원심적인 선교 활동'으로 대체된다.[28] 즉 만방이 교회로 모여드는 대신에 이제는 교회가 만방으로 나아간다. 그러면 변화의 시점은 언제였을까? 블라우는 그 "위대한 전환점"[29]이 부활이었다고 말한다. 부활은 가라고 말하는 대위임령에 앞서 있다. 이제 모든 권세가, 다니엘 7장 13-14절의 성취로서, 그리스도께 주어졌기 때문이다. "부활절과 함께 새로운 시대가 시작되었다. 세상의 새로운 통치자의 즉위가, 열방 중에 이 새로운 통치자를 선포하는 일이 시작되었다. 선교는 그리스도의 주 되심이 요구하는 것이다."[30]

블라우는 "비록 신약의 선교가 언뜻 보기에는 원심적인 것처럼 보일지 모르나, 그것은 구심적인 것이 되기 위해서다. 우리는 세상을 함께 모으기 위해 세상으로 나간다. 우리는 그것을 안으로 끌어 모으기 위해 그물을 던진다. 우리는 거두기 위해 씨를 뿌린다"[31]고 설명한다. "바울이라는 인물의 인격 안에는 설교의 구심적인 측면과 원심적인 측면이 서로 결합되어 있다."[32] 즉 그는 복음을 전파하러 나가는 한편 이방인들과 이스라엘 사람들을 모두 모아서 그들을 본향으로 이끈다.

그러나 부활은 두 움직임 모두의 핵심이다. 우리를 세상으로 보내시는 분은 부활하신 주님이시며 사람들을 교회로 모으시는 분도 똑같은 부활하신 주님이시다. 교회의 전 세계적 선교의 타당성은 그리스도의 전 세계적 주권에서 유래한다. 이렇게 부활은 우리에게 선교할 것을 명령한다.

그리스도의 높이 들리심

선교의 동기

동기 유발은 모든 인간의 기획에서 중요한 측면이다. 우리는 무엇을 해야 하는지 알아야 할 뿐 아니라 왜 그것을 해야 하는지도 알아야 한다. 동기가 건전하고 강력하면 우리는 어떤 과업이건 밀고 나갈 수 있다. 하지만 동기가 잘못된 것이면 우리는 시들해지기 시작한다. 이것은 분명 기독교 선교에서도 마찬가지다. 사람들을 그리스도께 돌아오게 하는 일은 별로 환영받지 못하고 인기도 없는 고된 일이다. 그리고 방금 살펴보았듯이 그것은 종종 반대를 야기한다. 그렇기 때문에 교회가 그것을 견뎌 나가려면 강력한 동기가 필요하다. 예수 그리스도께서 하나님 아버지의 우편 즉 최고의 영광을 받는 위치로 높이 들리신 것은 가장 강력한 선교의 동기를 제공해 준다.

이런 맥락에서는 그리스도의 '승천'보다 그분의 '높이 들리심'이라고 말하는 것이 더 낫다. '그분이 하늘로 올라가신' 것은 사실이지만 '그분이 높이 들리셨다'고 말하는 것은 성부 하나님이 승천을 통해 자기 아들을 옳다고 입증하시고, 높이시고, 보좌에 앉히시고, 관을 씌우셨다는 사실을 강조하기 때문이다. 예수님의 높이 들리심에 대한 사도적 진술들은 그분이 모든 가능한 경쟁자들 위에, 실로 "모든 통치와 권세와 능력과 주권과 이 세상뿐 아니라 오는 세상에 일컫는 모든 이름"들보다 뛰어나게 위에[33] 높임 받으셨음을 공들여 강조한다. 이는 하나님이 예수님을 들어

4 선교의 기독론

올리신 "지극히 높은" 곳이며,[34] 하나님이 예수님이 누리기를 원하시는 "으뜸" 됨이다.[35]

이는 왜 '우월성'이라는 단어가 사용되는지 설명해 준다. 이 단어는 새로운 다원주의(1장을 보라)를 지지하며 옛 배타주의와 포괄주의를 버린 사람들이 혐오하는 단어다. 다른 종교를 믿는 사람들에 대해 '우월한 태도'를 취하는 것은 분명 매우 불쾌한 형태의 무례함과 오만이다. 또한 힉 교수가 지적하듯이 "18세기와 19세기에 기독교가 절대적으로 우월하다는 확신"이 서구의 제국주의적 확장에 강력한 추진력을 제공해 준 것은 분명하다.[36] 하지만 그리스도인들이 우월성을 주장해야 하는 것은 실험적 제도나 체제로서의 '기독교'가 아니다. 그것은 그리스도, 오직 그리스도일 뿐이다. 우리는 전혀 당황하거나 부끄러워할 것 없이 그분이 모든 다른 종교 지도자보다 '우월하다'고 단언해야 한다. 바로 그분만 십자가로 가기까지 사랑 가운데 자신을 낮추셨고 그래서 하나님이 그분을 다른 모든 사람, 계층, 직함보다 '위'로 올리셨기 때문이다.

그리스도가 지극히 높은 곳으로 들리신 결과, "모든 무릎"이 그분 앞에 꿇게 되고, "모든 입"이 그분의 주권을 인정하기를 하나님은 원하신다.[37] 계속 반복되는 "모든"이라는 말은 절대적이다. 그것은 어떠한 예외도 인정하지 않는다. 하나님이 예수님께 이런 최고의 영광을 주시고 다른 모든 사람이 그분께 영광을 돌리기를 바라신다면 하나님의 백성은 그분의 바람을 공유해야 한다. 그것은 성경에서 때로 '열심'이라는 말로, 심지어는 '질투'라는 말로 표현된다. 예를 들어 선지자 엘리야는 이스라엘의 배교, 특히 그들이 가나안의 신 바알을 섬기는 것에 깊이 상심하여 이렇게 말했다. "내가 만군의 하나님 여호와께 열심이 유별하오니."[38] 사도 바울은 자신이 고린도 교인들을 위하여 "하나님의 열심으로…열심을 [낸다]"고 말한다. 왜냐하면 바울은 그들을 그들의 한 남편인 그리스도와 약혼시켰지만 그들이 "그리스도를 향하는 진실함과 깨끗함"에서 떠날까 두려워했기 때문이다.[39] 마찬가지로 19세기 초 이슬람 국가 이란에서 일한 총명하고 신실한 기독교 선교사인 헨리 마틴(Henry Martyn)은 이렇게 말한 적이 있다. "만일 예수님이 영화롭게 되지 않으셨다면 나는 존재를 견딜 수 없었을 것이다. 만일 그분이 그처럼 불명예스러운 채로 항상 계셔야 했다면 삶은 내게 지옥이었을 것이다."[40]

우리 역시 어떤 특정 문화권에 살든, 예수 그리스도께서 치욕을 당하실 때면 언제나 이런 똑같은 고통을 느끼고 그분이 합당한 영광을 받으셔야 한다는 이런 똑같은 질투의 감정을 느껴야 한다. 선교의 일차적 동기는 대위임령에 순종하는 것이 아니며, 심지어 억눌리고 외롭고 잃어버려지고 멸망받을 사람들에 대한 사랑도 아니다. 이런 동기들 모두 중요하긴 하지만. 우리의 우선적 동기는 그리스도의 영광을 위한 열심 혹은 '질투'다. 최초의 선교사들이 선교를 위해 나간 것은 "그의 이름을 위하여"[41] 그분이 받아 마땅한 영광을 받으시게 하기 위해서였다. 그와 똑같은 열렬한 갈망이 우리의 동기를 유발시켜야 한다.

이는 더 이상 복음 전도를 하지 말거나 회심자들을 찾지 말아야 한다고 말하는 모든 사람에게 주는 우리의 분명한 대답이다. 예를 들어, 그레고리 바움(Gregory Baum) 교수는 "아우슈비츠 이후 교회는 더 이상 유대인들을 회심시키려 하지 않는다." 왜냐하면 "교회는 유대교를 기독교로 가는 도상에 있는 하나의 단계가 아니라 독자적인 가치와 의미를 갖고 있는, 하나님 앞에서 정통 종교라고 인식하게 되었기 때문이다"라고 말했다.[42] 마찬가지로 그리스의 한 주교는 사임하면서 그의 친구들에게 다음과 같이 편지를 썼다. "복음을 전파하는 주교로서, 나는 유대인이나 아랍 무슬림을 기독교로 개종시키려 애쓴 적이 결코 없다. 오히려 그들을 더 나은 유대인, 더 나은 무슬림으로 개심시키려 했을 뿐이다."[43] 그렇다면 이 사람들은 더 이상 예수 그리스도의 영광을 위한 열심이 없는 것인가? 그들은 그분이 멸시당하고 거부당해도 상관하지 않는 것인가? 그들은 하나님이 바라시는 것처럼 모든 인간이 그들의 문화와 종교가 어떻든 예수님께 무릎을 꿇고 그분을 주님으로 인정하고 그분께 복종하기를 갈망하지 않는단 말인가?

교회의 예배와 증거를 통합시켜 주는 것은 그리스도를 위한 이런 열심이다. 어떻게 우리가 그리스도를 예배하면서 예배드리지 않는 다른 사람들에게 신경 쓰지 않을 수 있는가? 그리스도께 드리는 우리의 예배는 다른 사람들도 그리스도께 나아와 예배할 수 있도록 그들에게 그리스도를 증거하라고 우리를 추동한다.

그리스도께서 성령을 주심

선교의 능력

1910년에 에든버러에서 열린 세계선교대회의 주도적 인물이었던 존 모트(John R. Mott)는 세계 복음화를 위한 네 가지 요건을 밝혔다. 그는 먼저 (1) 적절한 계획 (2) 적절한 본부 (3) 선교지에 있는 효율적인 교회를 들었다. 그리고 네 번째 요건을 '초인간적 요인'이라고 불렀다. 그는 계속해서 말하기를, 선교사들과 국민들과 선교 지도자들은 실질적으로 계획과 수단과 방법에 관해서는 서로 의견이 다를 수 있지만, 그들은

> 세계 복음화가 하나님의 사업이며, 성령이 위대한 선교 위임자이고, 그분이 그 일과 일꾼들을 지배하실 때에만 그리스도를 아는 지식을 모든 사람에게 전달하는 일의 성공을 우리가 기대할 수 있다는 확신 안에서 절대적으로 연합되어 있다. 그들은 그분이 초대 교회에 선교적 충동을 주셨으며, 오늘날에도 모든 참된 선교는 그분에 의해 시작되고, 지시되고, 유지된다고 믿는다.[44]

예수님은 공생애 기간에 이미 성령의 선교적 본질과 목적에 대해 주의를 환기시키셨다. 그분은 성령을 사막에 물을 대는 "생수의 강"으로 비유했으며 그것이 모든 신자 안에서 흘러나올 것이라고 약속하셨다.[45] 윌리엄 템플은 이렇게 해설했다. "하나님의 영이 내 주하시면서 그분을 자신 안에만 모시고 있을 수 있는 사람은 없

다. 성령이 계신 곳에서는 그분이 흘러나온다. 흘러나오지 않는다면 그분은 거기 계시지 않는 것이다."[46] 그리고 2장에서 살펴보았듯이 초대교회에서는 오순절 이래로 계속 그래 왔다는 것이 입증되었다.

은사 운동, 소위 '성령 세례', 영적 은사의 다양성, 복음 전도에서 '기사와 표적'들의 역할에 대해서는 물론 교회들 사이에서나 교회들 내부에서 의견의 차이가 있다. 그러나 우리 모두는 성령 없이는, 복음 전도자 하나님—데이비드 웰스가 같은 제목의 책에서 그분을 칭하듯이—이 없이는 복음 전도가 불가능함을 단언할 수 있어야 한다.[47] 마닐라 선언은 이렇게 말한다.

> 성경은 하나님 자신이 복음 전도의 대장이심을 선포한다. 하나님의 영은 진리와 사랑과 거룩과 능력의 영이시며, 복음 전도는 하나님의 역사 없이는 불가능하기 때문이다. 복음 전도자에게 기름을 붓고, 말씀을 확정하고, 듣는 이를 준비시키며, 죄를 책망하고, 눈먼 자에게 빛을 주고, 죽은 자들에게 생명을 주고, 우리로 하여금 회개하고 믿을 수 있게 하며, 우리를 그리스도의 몸에 연합시키며, 우리가 하나님의 자녀임을 확신시키며, 우리를 그리스도와 같은 성품과 섬김으로 인도하고, 우리를 그리스도의 증인으로 내보내는 분은 바로 하나님이시다. 이 모든 일에서 성령이 주로 행하시는 일은, 우리로 하여금 예수 그리스도를 보게 하며 우리 속에 예수 그리스도의 형상이 이루어지게 함으로써 예수 그리스도의 영광을 나타내는 일이다.

모든 복음 전도에는 악의 주관자와 세력에 대항하는 영적 전쟁이 있다. 이 전쟁에서는, 특히 기도와 더불어 말씀과 성령의 영적 무기로만 승리할 수 있다. 그러므로 우리는 모든 그리스도인들이 교회의 갱신과 세계 복음화를 위해 열심히 기도할 것을 호소한다.

진정한 회심에는 언제나 능력 대결이 있으며, 이 대결에서 예수 그리스도의 우월한 권위가 드러난다. 믿는 자는 사탄과 죄, 두려움과 허무 그리고 어두움과 사망의 속박에서 해방되는데, 이보다 더 큰 기적은 없다.

지난날 예수님이 행하신 기적들은 그분이 메시아라는 것을 보여 주며 온 세상이 그분에게 굴복하게 되는 그분의 완전한 왕국의 도래를 예상케 하는 표적으로서 특별한 것이지만, 오늘도 살아 역사하시는 창조주의 권능을 우리가 제한할 수는 없다. 우리는 기사와 이적을 부정하는 회의주의도, 또 그런 것들을 무분별하게 요구하는 무엄함도 모두 배격한다. 그리고 성령의 충만함을 꺼리는 소극성도, 그리스도의 능력이 온전해지는 우리의 약함을 꺼리는 승리주의도 배격한다.

> 우리는 자만하여 우리의 힘으로 전도하려 했던 것과 성령을 지시하려 했던 것을 회개한다. 앞으로 우리는 성령을 근심하게 하지도 않고 소멸하지도 않으며, 이 좋은 소식을 '능력과 성령과 큰 확신으로' 전할 것을 다짐한다.[48]

오늘날 우리는 주권적이신 성령님 앞에 우리 자신을 낮추는 것이

시급히 필요하다. 사회학적 지식과 전문적인 의사소통 기술은 중요하다. 참으로 그것들은 하나님이 복음 전도에 사용하도록 주신 선물이다. 하지만 우리는 그것들 때문에 성령님의 능력을 덜 의지하지 않도록 주의해야 한다. 오직 성령님만 인간이 연약함 가운데 한 말을 취하여 그것을 듣는 사람들의 마음과 양심과 의지에 능력 있게 호소하실 수 있다.[49] 오직 그분만이 눈먼 자의 눈을 열어 예수님 안에 있는 진리를 보게 하실 수 있고, 귀먹은 자의 귀를 열어 그분의 음성을 듣게 하실 수 있으며, 벙어리의 혀를 풀어서 그분이 주님이시라고 고백하게 하실 수 있다. 성령은 증인들의 우두머리시다. "그분의 증거가 없으면 우리의 증거는 헛되다."[50]

그리스도의 재림

선교의 긴급성

예수님이 승천하신 직후 열두 제자의 태도는 다 잘못되었다. 그들은 "땅 끝까지" 가라는 명령을 받았다. 그러나 그들은 감람산에 서서 "하늘을 쳐다보고" 있었다![51] 거기서 그들은 방금 사라지신 예수님이 때가 되면 다시 나타나실 것이라는 약속을 받았다. 그들은 이 사건을 기다려야 한다. 아무리 오랫동안 하늘을 바라보고 있어도 그 약속이 더 빨리 성취되지는 않을 것이다. 그동안 그들은 성령의 권능을 덧입고 나면 자신의 임무를 진척시켜야 한다. 그들은 하늘이 아니라 땅에 몰두해야 했다. 그래서 하나님의 프로그램의 네 가지 단계는 매우 명백했다. 첫째, 예수님은 성부 하나님께로 돌아가셨다(승천). 둘째, 성령님이 오셨다(오순절). 셋째, 교회가 제자를 만들러 나간다(선교). 넷째, 예수님이 다시 오실 것이다(재림). 첫 번째 사건과 네 번째 사건, 승천과 재림, 예수님의 사라지심과 다시 나타나심 사이에는 기간이 명시되지 않은 기간이 있을 것이었다. 그 간격은 교회의 전 세계적 증거로 채워져야 했다. 그러므로 예수님의 승천 후 천사들이 말한 메시지에 이런 내용이 암시되어 있는 것이다. "너희는 그분이 가시는 것을 보았다. 너희는 그분이 오시는 것을 볼 것이다. 그러나 그러한 가심과 오심 사이에 다른 어떤 것이 있어야 한다. 성령이 오셔야 하며 너희는 가야만 한다. 그리스도를 위해 세상 속으로."[52]

바로 이런 방식으로 예수님의 재림은 교회의 선교와 연결되어 있다. 재림은 오순절에 시작된 선교의 기간을 끝낼 것이다. 우리에게는 하나님이 주신 책임을 완수할 제한된 시간이 있을 뿐이다. 그렇다면 우리는 초대 그리스도인들이 가졌던 그리스도의 재림에 대한 열렬한 기대와 그것이 그들에게 주었던 긴박감을 회복해야 한다. 예수님은 천국 복음이 모든 민족에게 전파되기 전에는 끝이 오지 않을 것이라고 약속하셨다.[53] 하지만 우리에게 주어진 시간이 아주 많은 것처럼 일부러 선교를 꾸물거리거나 속도를 늦출 자유는 없다. 그와 반대로 교회는 "항상 움직이고 있다. 모든 사람이 하나님과 화목하도록 간절히 부탁하기 위해 땅 끝까지 가기를 서두르면서, 그리고 모든 사람을 하나로 모으실 주님의 때를 맞이하기 위해 시간의 끝을 향해 서두르면서."[54] 그 두 끝은 서로 만나게 될 것이다.

심판은 교회의 선교와 주님의 재림 사이의 또 다른 중요한 연결을 형성한다. 바울은 이렇게 썼다. "이는 우리가 다 반드시 그리스도의 심판대 앞에 나타나게 되며 각각…행한 것을 따라 받으려 함이라."[55] 이는 분명 우리의 영원한 운명과 관련된 보편적인 심판이 아니라, 그리스도인의 삶과 사역에 관해 하나님의 백성이 받는 특별한 심판이다. 그것은 모종의 인정과 보상, 혹은 그 반대에 대한 약속과 관련이 있다. 그다음 구절을 보자. "우리는 주의 두려우심을 알므로 사람들을 권면하거니와."[56] 즉 우리가 사람들에게 복음의 진리를 권하는 이유는 우리가 주 예수님과 심판대 앞에 두려움을 가지고 서야 하기 때문이다. 그 앞에서 우리는 언젠가 설명해야 할 것이다. 나는 에스겔의 예언에 있는 엄숙한 구절을 기억한다.[57] 거기서 하나님은 에스겔을 '이스라엘 족속의 파수꾼'으로 임명하시며 그들에게 다가오는 심판을 경고할 책임을 맡기셨다. 만일 그가 악인에게 적절한 경고를 하지 않고 그를 설득하여 악한 길에서 떠나게 하지 못한다면, 하나님은 "내가 그의 피를 네 손에서 찾으리라"라고 말씀하신다.[58]

마찬가지로 사도 바울은 디모데에게 급박하게 '말씀을 전파하라'고 명령할 근거를 "하나님 앞과…그리스도 예수 앞"뿐 아니라 "살아 있는 자와 죽은 자를 심판하실" "그의 나타나실 것과 그의 나라"에 두고 있다.[59] 그리스도의 재림과 심판을 의식하고 기대하면서 살고, 일하고, 증거하는 것은 우리를 신실하게 하는 건전한 자극이 된다. 하나님의 관점에서 볼 때 시간은 짧고, 필요는 엄청나며, 임무는 긴박함을 기억하라고 성경은 명한다.

요약

그리스도의 구원 사역이 선교에 대해 말해 주는 것들을 요약해 보자.

- 선교의 모델은 그분의 성육신(정체성을 상실하지 않은 채 동일화하는 것)이다.
- 선교의 대가는 그분의 십자가(죽은 씨가 많은 열매를 맺는다)다.
- 선교의 위임령은 그분의 부활(모든 권세가 이제 그분의 것이다)이다.
- 선교의 동기는 그분의 높이 들리심(그분의 이름의 영광)이다.
- 선교의 능력은 그분이 주시는 성령(최고의 증인이신)이다.
- 선교의 긴급성은 그분의 재림(그분이 오실 때 우리는 그분 앞에서 설명해야 한다)이다.

교회는 영감과 방향을 얻기 위해 이 선교의 기독론적 기초로 계속 돌아가야 한다. 우리 앞에 있는 도전은 예수 그리스도를 우리의 임무에 적합한 분으로 보는 것이다. 우리는 비관주의(특히 서구에서), 낮은 기대치, 교회가 다른 곳에서는 몰라도 우리 가운데서는 성장할 수 없다는 냉소적인 불신 등을 회개해야 한다. 쓸데없는 생각이다! 성육신하시고, 십자가에 달리셨으며, 부활하시고, 다스리시며, 성령을 주시고, 다시 오실 예수 그리스도에 대한 생생하고 압도적인 비전을 우리가 가질 수만 있다면! 그러면 우리는 우리 시대에 세계 복음화를 이루려는 분명한 목적과 강한 동기, 용기, 권세, 능력, 열정을 갖게 될 것이다.

교회선교회(Church Missionary Society)의 초창기 창립 기념일 설교에서 클래펌(Clapham)의 교구 목회자 존 벤(John Venn)은 선교사를 다음과 같이 묘사했다. 그의 웅변적인 묘사는 모든 기독교의 증거에도 적용될 수 있다.

> 그는 세계를 그의 발아래, 천국을 그의 눈 안에, 복음을 그의 손 안에, 그리고 그리스도를 그의 가슴에 품고, 예수 그리스도 외에는 아무것도 알지 않고, 죄인들의 회심 외에는 아무것도 즐거워하지 않고, 그리스도의 나라를 증진시키는 것 외에는 아무것도 바라지 않고, 그리스도 예수의 십자가-그분이 세상을 위해, 그리고 세상이 그분을 위해 못 박힌 십자가-외에는 아무것도 자랑하지 않으면서 하나님의 사자로서 변론한다.[60]

|||||||||||||||||||||||||||||||||| **팀 체스터의 성찰 질문** ||||||||||||||||||||||||||||||||||

1. 당신이 함께 살고 일하는 사람들을 생각해 보라. 예수님의 성육신에 고취되어 그들의 **사고** 세계와 그들의 **마음** 세계에 들어가기 위해 무엇을 할 수 있을까?
2. 존 스토트는 "우리가 덜 타협한다면, 분명 더 고난을 받을 것이다"라고 말한다. 당신은 어떤 식으로 선교를 위해 고난을 받았는가? 어떤 식으로 고난을 피하기 위해 타협하고 싶은 유혹을 받는가?

3. 베드로전서 3장 15절을 보라. 부활하신 그리스도의 주되심은 어떻게 선교를 형성하는가? 베드로는 우리에게 온유와 두려움으로 그리스도의 주되심을 설명하라고 명한다. 온유함 없이 그리스도의 주되심을 단언할 때 어떤 일이 일어나는가? 그리스도의 주되심을 단언하지 않고 온유할 때 어떤 일이 일어나는가?

4. 존 스토트는 "교회의 예배와 증거를 통합시켜 주는 것은 그리스도를 위한 열심"이라고 말한다. 어떻게 하면 교회의 예배가 우리를 선교에 참여하도록 자극할 수 있는가?

5. 당신이 선교에 관여할 때 성령에 의지한다는 것은 무슨 의미인가? 그것은 당신의 행동이나 태도를 어떻게 변화시키는가?

6. 존 스토트는 그리스도의 재림이 주는 "긴박감"을 회복해야 하며, "우리의 비관주의와 낮은 기대치를 회개해야 한다"고 말한다. 이 장은 당신의 태도에 어떻게 도전을 주었는가? 당신은 무엇을 회개해야 하겠는가?

시리즈 결론

지금과 아직

나는 서론을 '그때'(과거)와 '지금'(현재) 사이의 긴장으로 시작했다. 이제 나는 '지금'(현재)과 '아직'(미래) 사이의 또 다른 긴장으로 끝맺고자 한다. 이 두 긴장은 서로 결합되어 있다. 왜냐하면 예수 그리스도 안에서 그리고 그분을 통해, 과거와 현재와 미래는 창조적인 관계에 돌입했기 때문이다. 그리스도인들은 현재를 살고 있지만 과거에 감사하고 미래를 기다린다.

이 책을 결론 맺으면서 나는 균형 잡힌 성경적 기독교에 초점을 맞추고자 한다. 요즘은 어느 영역에서나 균형을 찾아보기 힘들다. 특히 그리스도를 따른다고 고백하는 우리 가운데서는 더욱 그렇다.

마귀에 대한 한 가지 사실은 그가 광적이며 모든 상식과 중용과 균형의 원수라는 점이다. 그가 좋아하는 소일거리 중 하나는 그리스도인들이 균형을 잃도록 하는 것이다. 그리스도를 **부인하도록** 우리를 꾈 수 없다면, 그 대신 마귀는 우리가 그리스도를 **왜**

곡하도록 할 것이다. 그 결과, 한쪽으로 치우친 기독교가 널리 퍼졌다. 그래서 우리는 진리의 한 측면만 지나치게 강조하고 다른 측면은 충분히 강조하지 않는다.

지금과 아직 사이의 긴장을 균형 있게 파악하는 것은 기독교가 하나 되는 데, 특히 복음주의 신자들이 좀더 아름다운 조화를 이루는 데 매우 도움이 될 것이다. 우리는 신앙의 교리적· 윤리적 근본 원리들에 대해 동의할 수 있다. 그렇지만 우리에게는 체질적으로 다투고 분열하는 성향, 또는 단지 우리의 고집을 좇아 우리의 제국을 건설하는 경향이 있는 듯하다.

이미 온 하나님 나라와 이제 올 하나님 나라

신약의 기독교에서 근본을 이루는 것은 우리가 '중간기', 즉 그리스도의 초림과 재림 사이, 이미 온 하나님 나라와 앞으로 올 하나님 나라 사이에 살고 있다는 점이다.

이런 긴장의 신학적 기초는 하나님 나라에 대한 예수님의 가르침에서 찾아야 한다. 모든 사람은 예수님의 가르침에서 하나님 나라가 가장 두드러진 특징이었다는 것과 그분이 하나님 나라의 도래를 알리셨다는 점에 대해 의견을 같이한다. 그러나 그 나라의 도래 시기에 관해서는 학자들 사이에서 의견이 갈린다. 예수님이 하나님 나라를 가지고 오셨으니 그것은 이미 온 것일까? 아니면 그 도래는 아직 이루어지지 않은 미래의 일이며 그래서 우리는 기대하는 마음으로 기다려야 할까? 아니면 진리는 이런 입장들 사이 어딘가에 있는 것일까?

알베르트 슈바이처(Albert Schweitzer)는, 하나님 나라가 예수님의 말씀에 따라 전적으로 미래에 온다고 주장한 학자 중 한 명이다. 예수님은 묵시적 선지자로서 하나님이 초자연적으로 간섭하여 그분의 나라를 세울 것이라고 (잘못) 가르쳤다. 예수님이 제자들에게 하신 급진적 요구들은 임박한 하나님 나라의 도래를 고려한 '잠정적 윤리'였다. 슈바이처의 입장은 '철저한' 혹은 '일관된' 종말론이라고 알려졌다.

다른 극단으로 다드(C. H. Dodd)의 견해가 있다. 그는 하나님 나라의 도래가 전적으로 과거의 일이라고 믿는다('실현된 종말론'이라고 알려졌다). 다드는 완료 시제로 되어 있는 두 구절을 매우 강조한다. 그것은 "하나님의 나라가 가까이 왔으니(has arrived)"[1]와 "하나님의 나라가 이미 너희에게 임하였느니라(has come)"[2]라는 것이다. 다드는 미래에 하나님 나라가 임하는 일은 없을 것이며, 그렇게 말하는 본문들은 예수님 자신의 가르침이 아니었다고 결론을 내렸다.

이렇게 완전히 반대되는 극단적 주장들 대신 학자들 대부분은 중간 입장, 곧 예수님은 하나님 나라를 현재의 실재이자 미래에 기대해야 하는 것이라고 말씀하셨다는 입장을 취한다.

예수님은 때가 찼다고,[3] 예수님이 귀신을 쫓아낸 것에서 명백히 알 수 있듯이 "강한 자"는 이제 그의 재산을 약탈당하도록 결박되고 무장해제 당했다고,[4] 하나님 나라는 이미 사람들 "안에" 혹은 그들 '가운데' 있다고,[5] 이제 그 나라에 "들어가거나" 그것을

'받을' 수 있다고[6] 분명하게 가르치셨다.

그러나 하나님 나라는 미래에 기대해야 하는 것이기도 했다. 그것은 마지막 날에 가서야 완전해질 것이다. 그래서 그분은 종말을 고대했으며 제자들에게도 그렇게 하라고 가르치셨다. 그들은 "나라가 임하시오며"[7]라고 기도해야 했으며, 그 나라를 확장하는 데 우선순위를 두고 그것을 먼저 "구해야" 했다.[8] 때로 그분은 또한 제자들이 최종적으로 처하게 될 상태를 하나님 나라에 "들어[간다]"[9] 또는 그것을 "상속[받는다]"[10]라는 말로 표현하셨다.

성경에서 '지금'과 '아직' 사이의, 현재와 미래 사이의 긴장을 표현하는 또 다른 방법은 두 '시대'라는 용어를 사용하는 것이다. 구약의 관점으로 볼 때 역사는 '현재의 이 세상'과 '마지막 날들' 즉 메시아가 가져오시는 의로운 하나님 나라로 나뉜다.[11] 그러나 연속되는 두 시대라는 간단한 구조는 예수님이 오심으로써 결정적으로 바뀌었다. 그분은 새로운 시대를 가져오셨으며, 우리를 현재의 "이 악한 세대"[12]에서 건지시려고 죽으셨기 때문이다. 그 결과, 성부 하나님은 이미 "우리를 흑암의 권세에서 건져 내사 그의 사랑의 아들의 나라로 옮기셨[다]."[13] 우리는 또한 그리스도와 함께 죽은 자 가운데서 살리심을 받았고 하늘에서 그분과 함께 앉았다.[14]

동시에 옛 시대도 계속 존속하고 있다. 그래서 그 두 시대는 서로 중복된다. "어둠이 지나가고 참빛이 벌써 비침이니라." 언젠가 옛 시대는 끝날 것이며(이는 "세상 끝"이 될 것이다),[15] 그리스도의 초림으로 시작된 새 시대는 그분의 재림으로 완성될 것이다. 그

동안 두 시대는 계속되며, 우리는 그 두 시대 사이의 긴장에 끼어 있다. 우리는 "이 세대를 본받지 말고" 하나님의 뜻에 따라, 실제로 빛의 자녀로서 일관성 있게 살기 위해 "변화를 받[으라]"는 명령을 받는다.[16]

그렇지만 긴장은 여전히 남아 있다. 우리는 이미 구원**받았지만** 또한 우리는 언젠가 구원을 **받을** 것이다.[17] 그리고 우리는 이미 하나님의 양자들이지만 또한 양자가 될 것을 기다린다.[18] 우리는 이미 "사망에서 생명으로 옮겼"지만 영생은 여전히 미래에 주어질 선물이다.[19] 이미 그리스도께서 다스리고 계신다. 비록 그분의 원수들이 아직 그분의 발등상이 되지는 않았지만 말이다.[20]

현재와 미래 사이에 끼어 있는 그리스도인들의 독특한 입장은 소망,[21] 기다림,[22] 고대함,[23] 탄식함[24] 등으로 다양하게 묘사된다. 우리는 "열렬히"[25] 그리고 또한 "참음으로"[26] 기다리기 때문이다.

'지금'과 '아직', 이미 온 하나님 나라와 이제 올 하나님 나라의 중간기에서 핵심은 하나님의 백성 가운데 계시는 성령의 임재다. 한편으로 성령의 은사는 하나님 나라의 독특한 복이며 새 시대가 밝았다는 두드러진 표시다.[27] 다른 한편으로, 그분의 내주하심은 우리가 받는 하나님 나라의 유업의 시작일 뿐이기 때문에 그것은 나머지도 언젠가 우리의 것이 되리라는 보증이기도 하다. 신약에서는 이것을 설명하기 위해 세 가지 비유를 사용한다. 성령은 완전한 추수가 이루어질 것을 약속해 주는 "처음 익은 열매"이자,[28] 완전한 지불이 이루어지리라는 것을 약속하는 "보증금" 또는 첫 회 납부금이며,[29] 언젠가 완전한 축제를 즐길 수 있으

리라는 것을 약속해 주는 맛보기다.[30]

'지금'과 '아직' 간의 긴장에 대한 몇 가지 예를 들어 보자.

계시, 거룩함, 치유

첫 번째 예는 **지적 영역**, 혹은 **계시**의 문제다.

우리는 기쁨에 찬 확신을 갖고서, 하나님이 인간들에게 자신을 계시하시되, 창조된 우주 안에서, 우리의 이성과 우리의 양심 속에서뿐 아니라, 가장 중요하게는 그분의 아들이신 예수 그리스도 안에서, 그리고 그분에 대한 성경의 증거 안에서 자신을 계시하셨다고 단언한다. 우리는 감히 하나님을 안다고 말한다. 왜냐하면 그분이 주도권을 쥐시고 자신을 가리고 있는 커튼을 걷어 주셨기 때문이다. 우리는 하나님의 말씀이 우리의 길에 빛을 비추시는 것을 크게 기뻐한다.[31]

그러나 우리는 아직도 하나님이 우리를 아시는 것처럼 그분을 알지는 못한다. 우리의 지식은 부분적이다. 그분의 계시가 부분적이었기 때문이다. 그분은 계시하고자 하신 모든 것, 우리에게 유익하다고 생각하신 모든 것을 계시하셨지만 모든 것을 계시하시지는 않았다. 아직도 많은 신비가 남아 있다. "우리가 믿음으로 행하고 보는 것으로 행하지 아니함이로라."[32]

성경 저자들이 스스로 하나님의 계시의 도구임을 알았지만 그들의 지식은 여전히 유한하다고 겸손히 고백한 것과 같은 입장을 우리도 취해야 한다. "여호와께서 대면하여 아시던 자"인 모세

조차 다음과 같이 고백했다. "주 여호와여 주께서 주의 크심과 주의 권능을 주의 종에게 나타내시기를 시작하셨사오니."[33] 그리고 사도 바울을 생각해 보라. 그는 그의 지식을 어린아이의 미숙한 생각과 거울의 찌그러진 영상에 비유했다.[34]

그러므로 하나님의 계시가 주어졌다는 것과 그 계시의 최종성을 기뻐하는 것은 옳지만, 우리가 많은 것에 무지함을 고백하는 것 역시 옳은 일이다. 우리는 알지만 또한 모른다. "감추어진 일은 우리 하나님 여호와께 속하였거니와 나타난 일은 영원히 우리와 우리 자손에게 속하였나니 이는 우리에게 이 율법의 모든 말씀을 행하게 하심이니라."[35] 나타난 것과 숨겨진 것을 지속적으로 구별 짓는 것은 매우 중요하다. 개인적으로 말해서, 나는 우리가 계시된 것을 선포할 때 더 담대하고, 비밀로 남아 있는 것들 앞에서는 좀더 삼갈 수 있기를 바란다. 연합을 위해서는 명백하게 계시된 진리에 동의하는 것이 필요하다. 부차적인 일들에 대해서는 서로에게 자유를 주지만 말이다. 그리고 이것들을 인식하는 방식은 그리스도인들이 똑같이 성경에 순종함에도 어떤 문제들에 대해 서로 다른 결론에 도달할 때다. 세례, 교회 정치 제도, 예배 의식과 각종 의식들, 영적 은사들에 대한 주장과 예언의 성취 등을 예로 들 수 있다.

두 번째 긴장은 **도덕적 영역**, 혹은 **거룩함**의 문제다.

하나님은 우리를 거룩하게 만드시려고 이미 우리 안에 그분의 성령을 두셨다.[36] 성령은 우리의 타락하고 이기적인 본성을 정복하고 아홉 가지 열매가 우리의 성품 가운데 익어 가게 하시면서 우리 안에서 활발하게 역사하고 계신다.[37] 단언컨대 그분은 이미 우리를 그리스도의 형상으로 점차 변화시키시고 있다.[38]

그러나 우리의 타락한 성품은 뿌리 뽑히지 않았다. 왜냐하면 여전히 "육체의 소욕은 성령을 거스르[기]"[39] 때문이다. 따라서 "만일 우리가 죄가 없다고 말하면 스스로 속이[는]" 것이다.[40] 아직까지 우리는 하나님의 완전하신 뜻에 합당하게 되지 않았다. 아직까지 우리는 전 존재를 다해서 하나님을 사랑하거나 이웃을 우리 자신처럼 사랑하지 않기 때문이다. 바울이 말했듯이 우리는 "온전히 이루었다 함도" 아니요 우리 안에서 "착한 일을 시작하신 이가 그리스도 예수의 날까지 이루실 줄을" 확신하고서 "푯대를 향하여…달려[간다]."[41]

우리는 '지금'과 '아직' 사이, 계속되는 실패로 인한 낙담과 궁극적 자유의 약속 사이에 사로잡혀 있다. 한편 우리는 "너희는 거룩하라. 이는 나 여호와 너희 하나님이 거룩함이니라"[42] 하신 하나님의 명령과 "가서 다시는 죄를 범하지 말라"[43] 하신 예수님의 가르침을 매우 진지하게 받아들여야 한다. 다른 한편 우리는 내주하시는 성령의 실재와 더불어 내주하는 죄의 실재도 인정해야만 한다.[44] 우리가 열망하는 죄 없는 완전한 상태는 계속해서 우리를 교묘히 피해 간다.

'이미'와 '아직' 간의 세 번째 긴장은 **물리적 영역**, 혹은 **치유**의 문제에서 찾아볼 수 있다.

우리는 오랫동안 약속되었던 하나님 나라가 예수 그리스도와 함께 역사 속으로 들어왔다고 단언한다. 예수님은 단지 하나님 나라를 **선포하는** 것에 만족하지 않으시고 그분이 행하신 엄청난 일들을 통해 그 나라의 도래를 **보여 주셨다**. 그분의 능력은 특히 인간의 몸에서 명백하게 드러났다. 그분은 아픈 자를 치유하시고 귀신을 쫓아내시며 죽은 자를 살리셨기 때문이다.

그분은 열두 제자와 칠십 인에게 이스라엘에서 그분의 메시아적 선교를 확장하고 기적을 행할 권세를 주셨다. 그분이 자신의 권세를 얼마나 널리 발휘하시고자 했는가는 논란의 여지가 있는 문제다. 일반적으로 기적은 진정한 "사도의 표"였다.[45] 그럼에도 하나님을 제한하거나 한계를 정하는 것은 어리석은 일일 것이다. 우리는 그분의 자유와 주권을 인정해야 하며 오늘날에도 물리적인 기적이 일어날 가능성에 전적으로 마음을 열어야 한다.

그러나 아직 하나님의 나라가 완전히 임한 것은 아니다. "세상 나라"는 아직 "그가 세세토록 왕 노릇" 하실 "우리 주와 그의 그리스도의 나라"가 되지 않았기 때문이다.[46] 특히 우리의 몸은 아직 구속되지 않았으며 자연도 아직 그리스도의 통치 아래 전적으로 놓여 있지 않다.

그렇다면 우리는 이 영역에서도 '이미'와 '아직' 사이의 긴장을 인식해야 한다. 분명 우리는 "내세의 능력을 맛보[았다]."[47] 하지만 지금까지는 단지 맛만 보았다. 우리 그리스도인이 체험하는 것 중 일부는 예수님의 부활의 생명이 "우리 죽을 육체에 나타나게 하[는]"[48] 것이다. 동시에 우리의 육체는 계속해서 연약하고 죽을 수밖에 없다. 지금 완전한 건강을 주장하는 것은 우리의 부활을 앞지르는 것이다. 예수님의 육체적 부활은 하나님의 새로운 창조에 대한 보증이며 진정한 시작이다. 그러나 아직 하나님은 보좌에서 일어나셔서 "내가 만물을 새롭게 하노라"[49]라고 결정적으로 말씀하지 않으셨다. 오늘날 기적이 일어날 수 있다는 가능성 자체를 부인하는 사람들은 하나님 나라가 '이미' 왔음을 잊어버리는 것이며, 한편 그런 기적이 일어나는 것을 '정상적인 그리스도인의 삶'으로 기대하는 사람들은 하나님 나라가 '아직' 오지 않았음을 잊어버린 것이다.

교회와 사회

넷째, **교회적 영역**, 혹은 **교회 징계** 문제에서도 똑같은 긴장을 체험할 수 있다.

메시아이신 예수님은 현재 자기 주변에 그분의 백성, 그분이 부르신 진리와 사랑과 거룩함이 특징인 공동체를 모으고 계시다. 그러나 아직 그리스도께서 자신의 신부를 "자기 앞에 영광스러운 교회로 세우사 티나 주름 잡힌 것이나 이런 것들이 없이 거룩하고 흠이 없게"[50] 나타나게 하신 것은 아니다. 그와 반대로 현재의 교회의 삶과 증거는 실수, 불화, 죄로 손상당하고 있다.

그렇다면 교회를 생각할 때마다 우리는 이상과 현실을 결합해야 한다. 교회는 진리에 헌신하고 있으면서도 과오를 저지르기 쉽고, 연합되어 있으면서도 분열되어 있으며, 순수하면서도 불순하다. 우리가 교회의 실패들을 받아들여야 한다는 의미는 아니다. 우리는 교회의 교리적·윤리적 순수함과 가시적인 연합이라는 비전을 가슴에 품고 있어야 한다. 우리는 "믿음의 선한 싸움을 싸우라"[51]고 명령받는다. 우리는 또한 "평안의 매는 줄로 성령이 하나 되게 하신 것을 힘써 지[켜야]"[52] 한다. 그리고 이런 것들을 추구하는 과정에서 심각한 이단이나 죄가 들어올 경우에는 반드시 징계해야 한다.

그렇지만 오류와 악은 이 세상의 교회에서 완전히 뿌리 뽑히지 않을 것이다. 그것들은 진리와 선과 계속 공존할 것이다. 예수님은 밀과 가라지 비유에서 "둘 다 추수 때까지 함께 자라게 두라"[53]고 말씀하셨다. 성경도, 교회사도 이 세상에서 완전히 순수한 교회를 만들기 위해 심한 징계 수단을 사용하는 것을 정당화하지 않는다.

'지금'과 '그때', '이미'와 '아직' 사이의 긴장에서 다섯째 영역은 **사회적 영역**, 혹은 **진보**의 문제다.

우리는 하나님이 인간 사회 안에서 일하신다고 단언한다. 이는 부분적으로는 그분의 '일반 은총', 곧 악을 제어하고 관계들을 통제하는 수단으로 이 세상에 가정과 정부라는 복을 내려 주신 것에서 알 수 있다. 그리고 그것은 구속받은 공동체의 구성원들을 통해서도 드러난다. 그들은 부패를 지체시키고 어둠을 일소함으로 차이를 만들어 내면서, 소금과 빛처럼 사회에 침투한다.

그러나 하나님은 아직 약속하신 "의가 있는 곳인 새 하늘과 새 땅"[54]을 창조하지 않으셨다. 여전히 "난리와 난리의 소문"[55]이 있다. 아직 칼이 보습으로, 창이 낫으로 바뀌지는 않았다.[56] 민족들은 아직 그들의 다툼을 해결하는 방법으로 전쟁을 포기하지 않았다. 이기심, 잔인함, 두려움이 계속되고 있다.

그러므로 사회정의를 위해 일하고 더 개선하기를 기대하는 것은 정당하지만, 우리는 결코 사회를 완전하게 만들 수 없다는 것을 안다. 우리는 복음의 변혁시키는 능력과 그리스도인이 빛과 소금으로 끼치는 건전한 영향을 알지만, 악이 인간의 본성과 인간 사회에 깊이 뿌리박혀 있다는 것도 안다. 그리스도께서 다시 오실 때 그분만이 악을 뿌리 뽑고 영원한 공의를 세우실 것이다.

이것이 바로 '이미'와 '아직' 사이의 긴장을 반드시 유지해야 하는 다섯 가지 영역(지적·도덕적·물리적·교회적·사회적)이다.

그리스도인의 세 유형

이런 성경적 균형을 유지하는 정도에 따라 그리스도인을 세 유형으로 나눠 볼 수 있다.

첫째, **'이미' 그리스도인**이 있다. 그들은 하나님이 그리스도 안에서 이미 우리에게 주신 것을 강조한다. 그러나 결과적으로 그들은 남아 있는 신비는 전혀 없고, 극복할 수 없는 죄는 없으며, 치유되지 않는 질병은 없고, 뿌리 뽑히지 않는 악은 없다는 인상을 준다. 간단히 말해 그들은 지금 완전에 이를 수 있다고 믿는 것처럼 보인다.

이들의 동기는 흠잡을 데 없다. 이들은 그리스도를 영화롭게 하려고 한다. 그래서 이들은 그분이 하실 수 있는 일에 제한을 두지 않는다. 그러나 이들의 낙관주의는 쉽게 주제넘음으로 전락하고 환멸로 끝나고 만다. 이들은 신약의 '아직'이라는 측면과, 완전함은 재림에 이르러서야 이루어진다는 사실을 잊고 있다.

둘째, **'아직' 그리스도인**이 있다. 이들은 당분간 그리스도의 사역이 완성되지 않는다는 것을 강조하며 그리스도께서 자신이 시작하신 것을 완성시키실 때를 고대한다. 그러나 이들은 우리 인간의 무지와 실패, 질병과 죽음의 만연, 순수한 교회나 완벽한 사회를 이루는 것의 불가능성 등에 몰두하는 것처럼 보인다.

이들의 동기 역시 탁월하다. '이미' 그리스도인이 그리스도를 영화롭게 하기 원한다면 '아직' 그리스도인은 죄인들을 겸손하게 하기 원한다. 이들은 성경에 충실해서 우리 인간의 부패성을 강조하기로 결정했다. 그러나 이들의 비관주의는 쉽게 자기 위안으로 전락할 수 있다. 또한 현상을 받아들이고 악에 직면했을 때 냉담하게 반응할 수 있다. 이들은 그리스도께서 그분의 죽으심과 부활하심으로써 그리고 성령을 선물로 주심으로써 '이미' 해 놓으신 일, 그리고 그 결과 우리의 삶과 교회와 사회에서 하실 수 있는 일을 잊고 있다.

셋째, **'이미-아직' 그리스도인**이 있다. 이들은 예수님의 초림과 재림에 똑같이 비중을 두려고 한다. 한편으로 이들은 '이미'에 대해, 하나님이 그리스도를 통해 말씀하시고 행하신 일을 매우 확신한다. 다른 한편으로 이들은 '아직' 앞에서 진정한 겸손, 그리스도께서 재림하사 초림 때 시작하신 일을 완성하실 때까지 세상은 타락하고 반쯤 구원받은 채로 있으리라고 고백하는 겸손을 보인다.

진정한 성경적 복음 전도의 특징이자, 오늘날 매우 긴급하게 필요한 균형을 예시해 주는 것은 바로 '이미'와 '아직'의 결합이다.

'시대를 사는 그리스도인'으로서 우리의 입장은 예수님의 인격에 확고히 자리하고 있다. 그분의 죽음과 부활은 '이미'에 속해 있고, 그분의 영광스러운 재림은 미래의 '아직'에 속해 있다. 우리는 믿음과 승리로 다음과 같이 환호한다.

그리스도께서는 죽으셨다!
그리스도께서는 부활하셨다!
그리스도께서는 다시 오실 것이다!

주

서문

1   계 1:8.
2   히 13:8.

시리즈 서론: 시대를 사는 그리스도인—그때와 지금

1   시 119:105; 참고. 벧후 1:19.
2   Dietrich Bonhoeffer, *Letters and Papers from Prison*, 확대판 (SCM Press, 1971), p. 279. 『옥중서간』(대한기독교서회).
3   마 11:19.
4   Jaroslav Pelikan, *Jesus Through the Centuries* (Yale University Press, 1985), pp. 182-193를 보라.
5   고후 11:4.
6   딤후 1:15; 참고. 4:11, 16.
7   행 26:25.
8   겔 2:6-7.

세상: 서론

1   참고. 마 5:16.

1   예수 그리스도의 유일성

1   이 이야기는 *Not Ashamed* (Hodder & Stoughton, 1970), p. 66에서 Douglas Webster가 말한 것이다.

2   W. A. Visser't Hooft, *No Other Name* (SCM Press, 1963), p. 11.

3   앞의 책, p. 95.

4   이런 범주들은 *Christians and Religious Pluralism* (Orbis, 1982)에서 Alan Race에 의해 처음 사용되었으며, Church of England General Synod's Board for Mission and Unity의 보고서인 *Towards a Theology for Inter-Faith Dialogue* (Anglican Consultative Council, 1986)에 의해 널리 알려졌고, *No Other Name?* (SCM, 1985)에서 Paul F. Knitter에 의해 더 발전되었다. 한편 '다원주의'가 의미하는 바는 *The Myth of Christian Uniqueness*, ed. John Hick and Paul F. Knitter (SCM, 1987)에서 연구되었다. *Towards a Theology for Inter-Faith Dialogue*에 대한 Dr. Christopher Wright의 공정한 비판이 *Anvil* (vol. I, no. 3. 1984)에 실렸으며, 그 자료는 지금 그의 소책자인 *What's so Unique about Jesus?* (MARC, 1990)에 실려 있다. 그러고 나서 1991년에(본서에서 살펴보기에는 너무 늦게 나왔다), *The Myth of Christian Uniqueness*에 대한 강력한 반론이 나왔는데, 그것은 *Christian Uniqueness Reconsidered*, ed. Gavin D'Costa (Fowler Wright)이다. 이것은 또 하나의 논집으로서, 기고가들 중에는 Jürgen Moltmann, Lesslie Newbigin, Wolfhart Pannenberg, Rowan Williams, M. M. Thomas와 같은 뛰어난 현대 신학자들이 포함되어 있다.

5   *Gaudium et Spes*, para. 22.

6   이는 Raimundo Panikkar가 *The Myth of Christian Uniqueness*, p. 91에 기고한 그의 글에서 묘사한 한 가지 가능한 입장이다.

7   Stanley J. Samartha in *The Myth of Christian Uniqueness*, pp. 79-80.

8   마 10:34.

9   Paul F. Knitter, *No Other Name?* (SCM, 1985), p. 2.

10　*The Myth of Christian Uniqueness*, p. 17.

11　Rosemary Radford Ruether in *The Myth of Christian Uniqueness*, p. 139.

12　앞의 책, p. 76.

13　Tom F. Driver in *The Myth of Christian Uniqueness*, p. 207.

14　*The Myth of Christian Uniqueness*, pp. 39-40.

15　앞의 책, p. viii.

16　앞의 책, p. 8.

17　앞의 책, pp. 12-13.

18　앞의 책, p. 211.

19　앞의 책, p. 56-57.

20　앞의 책, p. 59.

21　앞의 책, p. 216.

22　앞의 책, Part III.

23　앞의 책, p. 180.

24　앞의 책, pp. 23-30.

25　앞의 책, p. 141.

26　그의 설교 전문은 *International Review of Mission*, July 1988, pp. 325-331에 나온다.

27　John Mbiti, *African Religions and Philosophy* (Heinemann, 1969), p. 277.

28　Stanley Jones, *The Christ of the Indian Road* (1925; Hodder & Stoughton, 1926), p. 64.

29　Stephen C. Neill, *Crises of Belief* (Hodder & Stoughton, 1984), p. 23. 미국에서는 *Christian Faith and Other Faiths* (IVP USA, 1984)로 발간됨.

30　앞의 책, p. 286.

31　P. Carnegie Simpson, *The Fact of Christ* (1930; James Clarke, 1952), pp. 19-22를 보라.

32　벧후 3:18.

33 예를 들어, 행 2:36; 롬 10:9; 참고. 마 28:18.
34 신 6:4.
35 Chapter on Mary, in *The Koran*, N. J. Dawood가 번역 (Penguin, 1968), p. 34.
36 John Hick (ed.), *The Myth of God Incarnate* (SCM Press, 1977), p. 169.
37 Juan Mascaro 번역, *Bhagavad Gita* (Penguin, 1962), pp. 61-62.
38 W. A. Visser't Hooft, *No Other Name* (SCM Press, 1963), pp. 36-37에서 인용.
39 골 2:9.
40 눅 19:10.
41 눅 15:1-7.
42 요 10:11, 15.
43 *Church of England Newspaper* 28 May 1976에 나온 글에서.
44 Emil Brunner, *The Mediator* (1927; ET Westminster, 1947), pp. 291-299.
45 C. G. Montefiore, *The Synoptic Gospels* (Macmillan, 2nd edn, 1927), vol. I, pp. cxviii, 55; vol. II, pp. 520-521.
46 S. C. Neill, *Crises of Belief*, p. 87.
47 T. Kagawa, *Christ and Japan* (SCM Press, 1934), pp. 108, 113.
48 시 19:14; 23:1; 27:1; 62:2; 63:1.
49 빌 3:8.
50 벧전 1:8.
51 예를 들어, 요 14:16-18; 롬 8:9-10.
52 엡 3:16-17.
53 엡 2:18.
54 요 14:16-23.
55 Stephen C. Neill, *Christian Faith Today* (Penguin, 1955), pp. 17-18.
56 Donald Coggan, *Paul: Portrait of a Revolutionary* (Hodder & Stoughton, 1984), p. 75.

57 참고. 마 18:20.
58 마 28:20.
59 P. F. Knitter, *No Other Name?*, p. 185.
60 *The Myth of Christian Uniqueness*, p. 196.
61 마 11:25-27.
62 요 14:6.
63 행 4:10-12.
64 고전 8:6.
65 히 10:12-14.
66 딤전 2:5-6.
67 W. A. Visser't Hooft, *No Other Name*, p. 102.
68 마 28:18-29.
69 행 17:27-28.
70 요 1:1-5.
71 요 1:9.
72 행 11:14, 18; 15:9.
73 계 7:9.
74 창 22:17.
75 롬 5:15-21.
76 롬 10:14.
77 롬 10:17.

2 우리 하나님은 선교하는 하나님이시다

1 1942년 11월 26일에 Samuel 경에게 보낸 편지에서. F. S. Temple (ed.), *Some Lambeth Letters* (OUP, 1963), pp. 40-41.
2 *The Willowbank Report: Gospel and Culture* (Lausanne Committee for World Evangelization, 1978), p. 14.
3 앞의 보고서, p. 16.
4 Kenneth Cragg, *The Call of the Minaret* (OUP, 1956), pp. 182-183.
5 고후 10:1.

6 예를 들어, *Common Witness and Proselytism* (1970)라는 제목의 로마가톨릭과 세계교회협의회의 연합연구를 보라.
7 고후 13:8.
8 민 16:22; 27:16.
9 창 12:2-4.
10 갈 3:29.
11 롬 4:16-17.
12 갈 3:8.
13 시 2:8.
14 시 72:11.
15 사 49:6.
16 사 2:2.
17 W. G. Blaikie, *David Livingstone* (1908).
18 마 10:6.
19 마 15:24.
20 마 1:2.
21 마 2:1-12.
22 마 8:11.
23 마 28:19-20.
24 Roland Allen, *Pentecost and the World* (OUP, 1917), p. 36.
25 앞의 책, p. 40.
26 예를 들어, 눅 24:49; 행 1:4, 8.
27 욜 2:28; 행 2:17.
28 행 8:5-8.
29 행 10장과 11장.
30 행 11:20.
31 행 16:6-10.
32 행 28:31, 개역한글.
33 Harry R. Boer, *Pentecost and Missions* (Lutterworth, 1961), pp. 161-162.

34 앞의 책, p. 217. 괄호 안 물음표는 *The Contemporary Christian* 원래 판에서 John Stott가 제기한 의문.
35 빌 1:5.
36 살후 3:1.
37 골 4:3.
38 엡 6:19-20.
39 딤전 3:15.
40 벧전 2:9.
41 빌 2:15-16, 새번역.
42 살전 1:6, 8.
43 골 4:5-6.
44 벧전 3:15.
45 1987년 10월 5일 코네티컷주 뉴헤이븐시에서 열린 Overseas Ministries Study Center의 새 건물 개막식에서 발표한 그의 연설 "The Enduring Validity of Cross-Cultural Mission" 중에서. 이 연설은 *International Bulletin of Missionary Research* 1988년 4월호에 실렸다.
46 계 4:1.
47 계 7:9-10.
48 창 13:16.
49 창 15:5.
50 창 22:17.
51 창 13:16(강조 추가).
52 창 15:5(강조 추가).
53 Richard Collier, *The General Next to God* (Collins, 1965), p. 146.

3 총체적 선교

1 Raymond Bakke, *Urban Mission*, September 1986, p. 7.
2 Carl F. H. Henry, *Evangelicals at the Brink of Crisis* (Word Books, 1967), pp. 71-72.

3   R. K. Orchard (ed.), *Witness in Six Continents* (Edinburgh House Press, 1964), p. 157를 보라.

4   W. A. Visser't Hooft, in Norman Goodall (ed.), *The Uppsala 1968 Report* (WCC, 1968).

5   The Lausanne Covenant, para. 5. (John Stott는 로잔 언약 초안 작성팀을 이끌었다.)

6   *Evangelism and Social Responsibility: An Evangelical Commitment*, The Grand Rapids Report (Paternoster, 1982), pp. 24-25. (John Stott는 복음 전도와 사회적 책임의 관계에 대한 협의회 보고서 초안 작성팀을 이끌었다.)

7   *The Manila Manifesto: An Elaboration of the Lausanne Covenant 15 Years Later* (Lausanne Committee for World Evangelization, 1989), para. 4, p. 15. (John Stott는 마닐라 선언 초안 작성팀을 이끌었다.)

8   참고. 갈 5:6, 13.

9   참고. 엡 2:10; 딛 2:14.

10 *Evangelism and Social Responsibility*, pp. 21-24.

11 행 6:1-7.

12 *Keele '67*, the National Evangelical Anglican Congress Statement, ed. Philip Crowe (Falcon, 1967), para. 2.20, p. 23.

13 John Stott, *Christian Mission in the Modern World* (Falcon, 1975; Kingsway, 1986), pp. 30, 34. 『현대 기독교 선교』(성광문화사).

14 요 15:9.

15 요 17:18; 20:21.

16 신 10:12-20.

17 미 6:8.

18 왕상 18장.

19 왕상 21장.

20 렘 19:4.

21 겔 22:3-4; 참고. 36:18-19.

22 *Evangelism and Social Responsibility*, p. 20.

23　막 6:6

24　행 10:38.

25　Charles Colson, *Loving God* (Zondervan, 1983), p. 145.

26　눅 15:11-32.

27　눅 10:30-37.

28　William Booth, *In Darkest England and the Way Out* (Salvation Army, 1890), p. 14.

29　앞의 책, p. 45.

30　앞의 책, 서문, p. 4; 참고. p. 257.

31　Richard Collier, *The General Next to God* (Collins, 1965), p. 199.

32　요 1:14.

33　J. Herman Bavinck, *An Introduction to the Science of Missions* (1954; ET Presbyterian & Reformed, 1960), p. 113.

34　*The Manila Manifesto*, para. 4: 'The Gospel and Social Responsibility', p. 15.

35　Martin Luther King, in *Strength to Love* (Collins, 1963), p. 34, 그리고 *Stride Toward Freedom: The Montgomery Story* (Harper & Row, 1958), p. 198에서.

36　*Christian Mission and Social Justice* by Samuel Escobar and John Driver (Herald Press, 1978), pp. 7-9에 나오는 그의 서론에서.

37　David Howard, *The Great Commission for Today* (IVP USA, 1976), pp. 84-85.

38　Anne Coomes, *Festa Kivengere: The Authorized Biography* (Monarch, 1990), p. 318.

39　앞의 책, p. 455.

40　앞의 책, p. 434.

4　선교의 기독론

1　*The Willowbank Report: Gospel and Culture* (Lausanne Committee for World Evangelization, 1978), p. 28.

2   요 17:18; 20:21.

3   고전 9:19-22.

4   Richard Collier, *The General Next to God* (Collins, 1965), pp. 91-98.

5   Morris West, *Children of the Sun* (1957; Pan, 1958), 특히 pp. 82-104.

6   *The Willowbank Report: Gospel and Culture* (Lausanne Committee for World Evangelization, 1978), para. 6(b), p. 18.

7   James Sire, *The Universe Next Door* (IVP, 1976; 2nd edn, 1990). 『기독교 세계관과 현대 사상』(IVP).

8   *Your Kingdom Come* (WCC, 1980), p. 143.

9   Lesslie Newbigin, *The Other Side of 1984* (WCC, 1983), 특히 pp. 22, 31. 또한 그의 *Foolishness to the Greeks* (SPCK, 1986, 『헬라인에게는 미련한 것이요』, 한국 IVP)를 보라. 거기에서 그는 '과학적 세계관'과 '무신론적 물질주의' 양자에 모두 도전하도록 호소한다.

10 롬 12:15.

11 사 49:6; 참고. 42:1-4.

12 사 50:6-7.

13 사 52:15.

14 사 53:3.

15 사 53:4-12.

16 Douglas Webster, *Yes to Mission* (SCM Press, 1966), pp. 101-102.

17 요 12:23-24.

18 요 12:26.

19 엡 3:13.

20 딤후 2:10.

21 고후 4:12.

22 Richard Collier, *The General Next to God* (Collins, 1965), pp. 104-109.

23 Carolyn Scott, *The Heavenly Witch: The Story of the Maréchale* (Hamish Hamilton, 1981), p. 113.

24 Vincent Donovan, *Christianity Rediscovered: An Epistle from the*

    Masai (1978; SCM Press, 1982), pp. 193-194.
25 마 28:18-19.
26 예를 들어, 시 86:9.
27 예를 들어, 사 2:1-3.
28 Johannes Blauw, *The Missionary Nature of the Church* (1962; Eerdmans, 1974), pp. 34, 54, 66. 또한 Joachim Jeremias, *Jesus' Promise to the Nations* (1956; ET SCM Press, 1958), 특히 구심적 순례 여행을 강조하는 pp. 58-67를 보라.
29 앞의 책, p. 83.
30 앞의 책, p. 84.
31 앞의 책, p. 166.
32 앞의 책, p. 101.
33 엡 1:21(강조 추가).
34 빌 2:9.
35 골 1:18.
36 John Hick and Paul F. Knitter (eds.), *The Myth of Christian Uniqueness* (SCM Press, 1987), p. 20.
37 빌 2:9-11.
38 왕상 19:10.
39 고후 11:2-3.
40 Constance E. Padwick, *Henry Martyn: Confessor of the Faith* (1922; IVF, 1953), p. 146.
41 롬 1:5; 참고. 요삼 7절.
42 Gerald H. Anderson and Thomas F. Stransky (eds.), *Christ's Lordship and Religious Pluralism* (Orbis, 1981), pp. 115-117에 인용. 또한 1987년 General Assembly of the Presbyterian Church, USA의 추천 논문이었던 *A Theological Understanding of the Relationship between Christians and Jews*를 보라.
43 Cormac Murphy-O'Connor, then Bishop of Arundel and Brighton, in *The Family of the Church* (DLT, 1984), p. 41에 인용.

44 John R. Mott, *The Decisive Hour of Christian Missions* (Church Missionary Society, 1910), p. 193.
45 요 7:37-39.
46 William Temple, *Readings in St. John's Gospel* (1945; Macmillan, 1955), p. 130.
47 David Wells, *God the Evangelist* (Eerdmans and Paternoster, 1987).
48 *The Manila Manifesto: An Elaboration of the Lausanne Covenant 15 Years Later* (Lausanne Committee for World Evangelization, 1989), para. B.5.
49 고전 2:1-5; 살전 1:5을 보라.
50 The Lausanne Covenant, para. 14.
51 행 1:8, 11(강조 추가).
52 John Stott, *The Message of Acts* (IVP, 1990), p. 51를 보라. 『사도행전』 (IVP).
53 마 24:14; 참고. 막 13:10.
54 Lesslie Newbigin, *The Household of God* (SCM Press, 1953), p. 25.
55 고후 5:10.
56 고후 5:11.
57 겔 3장과 33장.
58 겔 33:8.
59 딤후 4:1-2.
60 Michael Hennell, *John Venn and the Clapham Sect* (Lutterworth, 1958), p. 245.

시리즈 결론: 지금과 아직

1 막 1:15, *ēngiken*에 대한 그의 번역.
2 마 12:28, *ephthasen*.
3 예를 들어, 막 1:14-15; 마 13:16-17.
4 마 12:28-29; 참고. 눅 10:17-18.
5 눅 17:20-21.

6   예를 들어, 막 10:15.
7   마 6:10.
8   마 6:33.
9   막 9:47; 참고. 마 8:11.
10 마 25:34.
11 예를 들어 사 2:2; 마 12:32; 막 10:30.
12 갈 1:4.
13 골 1:13; 참고. 행 26:18; 벧전 2:9.
14 엡 2:6; 골 3:1.
15 예를 들어, 마 13:39; 28:20.
16 롬 12:2; 13:11-14; 살전 5:4-8.
17 롬 8:24; 5:9-10; 13:11.
18 롬 8:15, 23.
19 요 5:24; 11:25-26; 롬 8:10-11.
20 시 110:1; 엡 1:22; 히 2:8.
21 롬 8:24.
22 빌 3:20-21; 살전 1:9-10.
23 롬 8:19.
24 롬 8:22-23, 26; 고후 5:2, 4.
25 롬 8:23; 고전 1:7.
26 롬 8:25.
27 예를 들어, 사 32:15; 44:3; 겔 39:29; 욜 2:28; 막 1:8; 히 6:4-5.
28 롬 8:23.
29 고후 5:5; 엡 1:14.
30 히 6:4-5.
31 시 119:105.
32 고후 5:7.
33 신 34:10; 참고. 민 12:8; 신 3:24.
34 고전 13:9-12.
35 신 29:29.

36   살전 4:7-8.
37   갈 5:16-26.
38   고후 3:18.
39   갈 5:17.
40   요일 1:8.
41   빌 3:12-14; 1:6.
42   예를 들어, 레 19:2.
43   요 8:11.
44   예를 들어, 롬 7:17, 20; 8:9, 11.
45   고후 12:12.
46   계 11:15.
47   히 6:5.
48   고후 4:10-11.
49   계 21:5.
50   엡 5:27; 참고. 계 21:2.
51   딤전 6:12.
52   엡 4:3.
53   마 13:30.
54   벧후 3:13; 계 21:1.
55   막 13:7.
56   사 2:4.

옮긴이 **정옥배**는 외국어대학교 서반아어과를 졸업하고 IVP 간사를 역임했다. 합동신학대학원대학교, 미국 웨스트민스터 신학교, 풀러 신학교에서 공부했다. 현재 전문번역가로 활동 중이다. 옮긴 책으로 『신명기』『여호수아』『누가복음』『로마서』『에베소서』『베드로전서』 등의 BST 시리즈, 『비교할 수 없는 그리스도』『진정한 기독교』『하나님을 아는 지식』『사랑 연습』(이상 IVP) 등 다수가 있다.

옮긴이 **한화룡**은 경희대 경영학과를 졸업하고 IVP 간사를 역임했다. 합동신학대학원대학교, 미국 웨스트민스터 신학교, 풀러 신학교에서 공부했다. 현재 백석대학교 기독교학부 교수로 학생들을 가르치고 있다. 지은 책으로 『도시 선교』『4대 신화를 알면 북한이 보인다』(이상 IVP)가 있고, 옮긴 책으로 『가난한 시대를 사는 부유한 그리스도인』『가난한 자들의 친구』『하나님 백성의 선교』, BST 시리즈 『선교』(이상 IVP) 등이 있다.

시대를 사는 그리스도인
세상—여전히 완수해야 할 선교

초판 발행_ 2021년 3월 25일

지은이_ 존 스토트·팀 체스터
옮긴이_ 정옥배·한화룡
펴낸이_ 정모세

펴낸곳_ 한국기독학생회출판부
등록번호_ 제313-2001-198호(1978.6.1)
주소_ 04031 서울시 마포구 동교로 156-10
대표 전화_ (02)337-2257 팩스_ (02)337-2258
영업 전화_ (02)338-2282 팩스_ 080-915-1515
홈페이지_ http://www.ivp.co.kr 이메일_ ivp@ivp.co.kr
ISBN 978-89-328-1815-3 04230
ISBN 978-89-328-1810-8 04230 (세트)

ⓒ 한국기독학생회출판부 2021

책값은 뒤표지에 있습니다.
무단 전재와 복제를 금합니다.